Gunnar Auth

Konzeption und Entwicklung eines wissensbasierten Wei
von Standardsoftware

Gunnar Auth

# Konzeption und Entwicklung eines wissensbasierten Werkzeugs zur Einführung von Standardsoftware

**Bibliografische Information der Deutschen Nationalbibliothek:**

Bibliografische Information der Deutschen Nationalbibliothek: Die Deutsche Bibliothek verzeichnet diese Publikation in der Deutschen Nationalbibliografie; detaillierte bibliografische Daten sind im Internet über http://dnb.d-nb.de/ abrufbar.

Copyright © 1999 Diplomica Verlag GmbH
Druck und Bindung: Books on Demand GmbH, Norderstedt Germany
ISBN: 978-3-8386-1775-6

http://www.diplom.de/e-book/217636/konzeption-und-entwicklung-eines-wissens-basierten-werkzeugs-zur-einfuehrung

Gunnar Auth

# Konzeption und Entwicklung eines wissensbasierten Werkzeugs zur Einführung von Standardsoftware

Diplomarbeit
an der Otto-Friedrich-Universität Bamberg
Fakultät Sozial- und Wirtschaftswissenschaften
Prüfer Prof. Dr. Elmar J. Sinz
Institut für Wirtschaftsinformatik

Diplomarbeiten Agentur
Dipl. Kfm. Dipl. Hdl. Björn Bedey
Dipl. Wi.-Ing. Martin Haschke
und Guido Meyer GbR

Hermannstal 119 k
22119 Hamburg

agentur@diplom.de
www.diplom.de

Auth, Gunnar: Konzeption und Entwicklung eines wissensbasierten Werkzeugs zur Einführung von Standardsoftware / Gunnar Auth.- Hamburg: Diplomarbeiten Agentur, 1999
Zugl.: Bamberg, Univ., Dipl.

---

Dipl. Kfm. Dipl. Hdl. Björn Bedey, Dipl. Wi.-Ing. Martin Haschke & Guido Meyer GbR
Diplomarbeiten Agentur, http://www.diplom.de, Hamburg 1999
Printed in Germany

*Diplomarbeiten* Agentur

# Wissensquellen gewinnbringend nutzen

**Qualität, Praxisrelevanz und Aktualität** zeichnen unsere Studien aus. Wir bieten Ihnen im Auftrag unserer Autorinnen und Autoren Wirtschaftsstudien und wissenschaftliche Abschlussarbeiten – Dissertationen, Diplomarbeiten, Magisterarbeiten, Staatsexamensarbeiten und Studienarbeiten zum Kauf. Sie wurden an deutschen Universitäten, Fachhochschulen, Akademien oder vergleichbaren Institutionen der Europäischen Union geschrieben. Der Notendurchschnitt liegt bei 1,5.

**Wettbewerbsvorteile verschaffen** – Vergleichen Sie den Preis unserer Studien mit den Honoraren externer Berater. Um dieses Wissen selbst zusammenzutragen, müssten Sie viel Zeit und Geld aufbringen.

**http://www.diplom.de** bietet Ihnen unser vollständiges Lieferprogramm mit mehreren tausend Studien im Internet. Neben dem Online-Katalog und der Online-Suchmaschine für Ihre Recherche steht Ihnen auch eine Online-Bestellfunktion zur Verfügung. Inhaltliche Zusammenfassungen und Inhaltsverzeichnisse zu jeder Studie sind im Internet einsehbar.

**Individueller Service** – Gerne senden wir Ihnen auch unseren Papierkatalog zu. Bitte fordern Sie Ihr individuelles Exemplar bei uns an. Für Fragen, Anregungen und individuelle Anfragen stehen wir Ihnen gerne zur Verfügung. Wir freuen uns auf eine gute Zusammenarbeit

Ihr Team der *Diplomarbeiten* Agentur

Dipl. Kfm. Dipl. Hdl. Björn Bedey
Dipl. Wi.-Ing. Martin Haschke
und Guido Meyer GbR

Hermannstal 119 k
22119 Hamburg

Fon: 040 / 655 99 20
Fax: 040 / 655 99 222

agentur@diplom.de
www.diplom.de

# *Konzeption und Entwicklung eines wissensbasierten Werkzeugs zur Einführung von Standardsoftware*

Diplomarbeit

im Studiengang Wirtschaftsinformatik

in der Fakultät Sozial- und Wirtschaftswissenschaften

der Otto-Friedrich-Universität Bamberg

Verfassser:     Gunnar Auth

Referent:     Prof. Dr. Elmar J. Sinz

Lehrstuhl für Wirtschaftsinformatik,

insbes. Systementwicklung und Datenbankanwendung

# Inhaltsverzeichnis

INHALTSVERZEICHNIS .................................................................................. I

ABKÜRZUNGSVERZEICHNIS ...................................................................... III

1   EINLEITUNG ........................................................................................... 1

  1.1   EINFÜHRUNG IN DIE PROBLEMSTELLUNG ............................................. 1

  1.2   ZIELSETZUNG UND LÖSUNGSANSATZ ..................................................... 2

2   GRUNDLAGEN ......................................................................................... 3

  2.1   GESCHÄFTSPROZEßORIENTIERTE EINFÜHRUNG VON STANDARDSOFTWARE ......... 3

  2.2   GESCHÄFTSPROZEßMODELLIERUNG IM SEMANTISCHEN OBJEKTMODELL (SOM) . 7

  2.3   DAS MODELLIERUNGSWERKZEUG SOMPRO ........................................... 9

3   KONZEPTION EINER WISSENSBASIERTEN WERKZEUGUNTER-
    STÜTZUNG FÜR DIE EINFÜHRUNG VON STANDARDSOFTWARE ..... 10

  3.1   UNTERSTÜTZUNG DER EINFÜHRUNG DURCH MODELLE ...................... 10

    3.1.1   Der Einsatz von Vorgehensmodellen .......................................... 10

    3.1.2   Der Einsatz von Referenzmodellen ............................................. 13

  3.2   UNTERSTÜTZUNG DER EINFÜHRUNG DURCH EXPERTENWISSEN ......... 15

    3.2.1   Grundlagen von Expertensystemen .............................................. 16

    3.2.2   Darstellung von Expertenwissen durch Semantische Netze ..... 19

    3.2.3   Darstellung von Fragenkatalogen als Semantische Netze ....... 21

    3.2.4   Vorgehensweise bei einer wissensbasierten Einführung .......... 24

4   KONZEPTION UND REALISIERUNG DES WERKZEUGS ..................... 26

  4.1   ARCHITEKTUR DES WERKZEUGS ......................................................... 26

  4.2   DARSTELLUNG DER SOM-UNTERNEHMENSARCHITEKTUR ALS BAUM ....... 29

  4.3   ERSTELLEN EINES FRAGENKATALOGS .................................................. 33

4.3.1   Erfassen von Fragen ................................................................................ 34

4.4   ERSTELLEN VON BEZIEHUNGEN ZUR ANPASSUNG EINES REFERENZMODELLS .... 37

    4.4.1   Erstellen von Beziehungen zwischen Fragen und Komponenten eines
Referenzmodells .................................................................................... 37

    4.4.2   Erstellen von Beziehungen zwischen Fragen ............................................ 40

4.5   BEANTWORTEN DES FRAGENKATALOGS ............................................................. 42

4.6   AUSWERTEN DER ANTWORTEN ......................................................................... 43

**5   ANWENDUNG DES WERKZEUGS ANHAND EINES KONKRETEN
REFERENZMODELLS .......................................................................... 44**

5.1   DAS VERWENDETE REFERENZMODELL ................................................................. 44

5.2   DIE ANWENDUNG DES WERKZEUGS ................................................................. 47

    5.2.1   Erstellen des Fragenkatalogs ................................................................. 47

    5.2.2   Erstellen von Beziehungen zur Anpassung des Referenzmodells .............. 52

    5.2.3   Beantworten des Fragenkatalogs ............................................................ 56

    5.2.4   Auswerten der Antworten ...................................................................... 57

**6   ZUSAMMENFASSUNG UND AUSBLICK ........................................... 58**

**ANHANG ..................................................................................................... 61**

A   DATENBANKSCHEMA DES WISSENSBASIERTEN WERKZEUGS ................................... 61

B   INHALT DER BEIGEFÜGTEN CD-ROM ................................................................. 64

**ABBILDUNGSVERZEICHNIS ................................................................. 65**

**LITERATURVERZEICHNIS ..................................................................... 67**

# Abkürzungsverzeichnis

BPR          Business Process Redesign

ERP          Enterprise Resource Planing

IAS           Interaktionsschema

KOS          Konzeptuelles Objektschema

PPS          Produktionsplanung und -steuerung

SERM       Strukturiertes Entity-Relationship-Modell

SOM         Semantisches Objektmodell

SSW         Standardsoftware

VES         Vorgangs-Ereignis-Schema

VOS         Vorgangsobjektschema

XPS         Expertensystem

# 1 Einleitung

## 1.1 Einführung in die Problemstellung

Betriebswirtschaftliche Standardsoftware zeichnet sich durch ein breites Spektrum von abgedeckten Anforderungen aus. Aus der großen Anzahl bereitgestellter Funktionen und deren wechselseitiger Abhängigkeiten ergibt sich ein hoher Komplexitätsgrad für das Anwendungssystem. Da unterschiedliche Unternehmen unterschiedliche Anforderungen stellen, müssen effiziente Möglichkeiten vorhanden sein, das Anwendungssystem so anzupassen, daß es den besonderen Bedürfnissen eines konkreten Unternehmens optimal gerecht wird.

Diese Anpassung, das sogenannte „**Customizing**", erfolgt durch Abbildung unternehmensspezifischer Geschäftsprozesse auf die Standardsoftware im Rahmen des Einführungsprozesses. Aufgrund der enormen Komplexität moderner betriebswirtschaftlicher Standardsoftware ist hierfür im Unternehmen oftmals nicht genügend Expertenwissen vorhanden, so daß externe Berater hinzugezogen werden müssen. Mit der Einführung ergeben sich häufig hohe Kosten, ein verzögerter Return on Investment und eine schlechte interne Akzeptanz des neuen Systems im Unternehmen.

Eine Möglichkeit zur Einführung von Standardsoftware ist eine prozeßorientierte Vorgehensweise unter Nutzung vorhandener, branchenspezifischer Referenzmodelle. Das Ergebnis ist ein spezifisches Unternehmensmodell, aus dem hervorgeht, welche Funktionalitäten der Standardsoftware genutzt werden sollen. Um diesen Prozeß zu erleichtern, soll im Rahmen der Diplomarbeit ein Werkzeug entwickelt werden, das es einem Benutzer ohne detaillierte Kenntnis des zugrundeliegenden Referenzmodells durch Beantwortung einfach verständlicher Fragen erlaubt, ein spezifisches Unternehmensmodell zu generieren.

## 1.2 Zielsetzung und Lösungsansatz

Ziel dieser Arbeit ist die Entwicklung eines funktionsfähigen Prototyps eines Software-Werkzeugs, der einen Beitrag zur Komplexitätsbewältigung bei der geschäftsprozeßorientierten Einführung von Standardsoftware leistet und somit eine direkte Unterstützung der beteiligten menschlichen Aufgabenträger (Berater und Mitarbeiter des einführenden Unternehmens) bietet.

Die Vorgehensweise unterteilt sich in vier Schritte, die nacheinander durchlaufen werden:

Ausgehend von einem vorhandenen Geschäftsprozeß-Referenzmodell wird im ersten Schritt ein *Fragenkatalog* erstellt. Dabei werden Fragen zur Aufbau- und Ablauforganisation sowie sinnvolle Antworten erfaßt. Im zweiten Schritt werden die Fragen mit den Komponenten des Referenzmodells in Beziehung gebracht. In einer Beziehung wird die Auswirkung der Antwort auf eine Frage bei der Modifikation des Referenzmodells definiert. Anschließend werden im dritten Schritt alle relevanten Fragen gemäß der Aufbau- und Ablauforganisation des Zielunternehmens durch Auswahl einer der vorgegebenen Antworten beantwortet. Den vierten und letzten Schritt bildet die Auswertung der gegebenen Antworten und die Anpassung des Referenzmodells anhand der im zweiten Schritt erstellten Beziehungen.

# 2 Grundlagen

Dieses Kapitel erläutert wichtige Grundbegriffe und Methoden für die Entwicklung des wissensbasierten Werkzeugs. Ausgehend von einer Definition und einer Einordnung von Standardsoftware wird ein kurzer Überblick über Vorgehensweisen zur Einführung von Standardsoftware gegeben und die **geschäftsprozeßorientierte** Einführung davon abgegrenzt.

Der in dieser Arbeit realisierte Prototyp arbeitet mit Referenzmodellen, die auf dem Modellierungsansatz des *Semantischen Objektmodells* beruhen. Dieser Modellierungsansatz wird in diesem Kapitel vorgestellt und komprimiert erläutert. Ergänzend wird ein verfügbares Modellierungswerkzeug für den SOM-Ansatz beschrieben.

## 2.1 Geschäftsprozeßorientierte Einführung von Standardsoftware

Der Begriff **Standardsoftware (SSW)** wird in Gablers Wirtschaftsinformatik Lexikon [Sti+97] folgendermaßen definiert:

> „Standardsoftware ist fertige Software, die auf mehrfache Nutzung hin ausgerichtet ist. Damit weist Standardsoftware stets einen mehr oder weniger großen Grad an Allgemeingültigkeit auf. Standardsoftware richtet sich stets an einen anonymen Markt, während Individualsoftware nach den Vorgaben des Auftraggebers (Anwender) entweder eigen- oder fremdentwickelt wird."

Die in dieser Arbeit betrachtete **betriebswirtschaftliche** Standardsoftware wird dem Bereich der **Anwendungssoftware** zugerechnet, von dem sich der Bereich der **Systemsoftware** unterscheiden läßt.

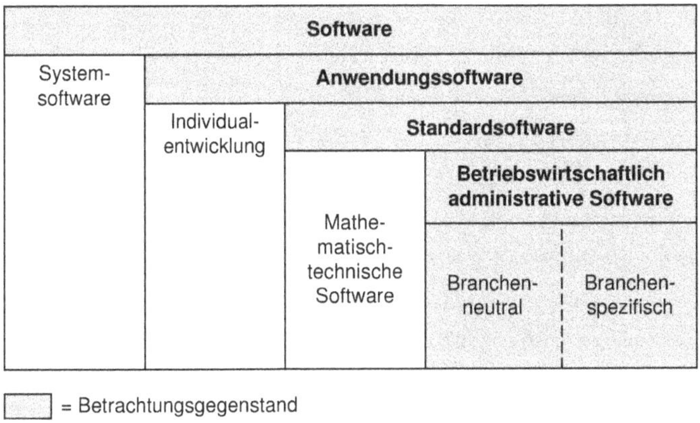

| Software | | | |
|---|---|---|---|
| System-software | Anwendungssoftware | | |
| | Individual-entwicklung | Standardsoftware | |
| | | | Betriebswirtschaftlich administrative Software |
| | Mathe-matisch-technische Software | | |
| | | Branchen-neutral | Branchen-spezifisch |

☐ = Betrachtungsgegenstand

*Abbildung 1: Klassifizierung von Software [Kirch96, S.16]*

Betriebswirtschaftliche Standardsoftware wird seit Mitte der 90er Jahre auch als Enterprise-Resource-Planing-System (ERP-System) bezeichnet, um die größere Reichweite im Vergleich zu Anwendungssystemen für einzelne Funktionsbereiche, z. B. Finanzbuchhaltung, zu verdeutlichen.

Für eine Übersicht der Vor- und Nachteile von Standardsoftware sei auf [Heß99, S. 5-7] verwiesen. Für diese Arbeit wird die Annahme getroffen, daß die Entscheidung **für** den Einsatz von Standardsoftware bereits gefällt wurde.

Die **Einführung von Standardsoftware** umfaßt nach [Kirch96, S. 24] „alle Aktivitäten, die notwendig sind, um die Software im betrieblichen Umfeld des Anwender-Unternehmens effektiv einzusetzen." Neben fachlich-inhaltlichen Aktivitäten gehört dazu auch das Projektmanagement.

Bei der Einführung von Standardsoftware lassen sich funktionsorientierte und geschäftsprozessorientierte Vorgehensweisen unterscheiden. Bei einer funktionsorientierten Vorgehensweise werden die Funktionen der SSW mit den Anforderungen des Ziel-Unternehmens abgeglichen. Diesem Ansatz liegt eine auf dem Verrichtungsprinzip basierende Organisation der Unternehmung zugrunde, wie sie bereits von Taylor [Tayl77] in ihren Grundzügen entwickelt wurde. Dabei wird die starre Abgrenzung von Funktionsbereichen und die hohe Arbeitsteilung mit zahlreichen Hierarchiestufen quasi auf die Standardsoftware übertragen.

Eine sich ständig verändernde Umwelt verlangt jedoch modernen Unternehmen ein hohes Maß an Flexibilität ab, um im immer härter werdenden Wettbewerb erfolgreich sein zu können. Aus dieser Erkenntnis heraus ist man gemäß des Objektprinzips dazu übergegangen, Unternehmen in betriebliche Objekte und zugehörige Aufgaben zu gliedern [FeSi98, S. 66]. Durch Identifizieren von Objekten, die bei der Durchführung gemeinsamer Aufgaben interagieren, werden die Geschäftsprozesse eines Unternehmens sichtbar. Geschäftsprozesse machen nicht Halt an den Abteilungsgrenzen eines Unternehmens, sondern erbringen Leistungen durch das Zusammenarbeiten der betrieblichen Organisationseinheiten über ihre Grenzen hinweg. Dabei stehen stets die Sachziele des Unternehmens im Vordergrund, hinter denen die lokalen Ziele einzelner Abteilungen zurücktreten müssen [BreKel95, S. 20]. Dadurch werden Zielkonflikte zwischen unterschiedlichen Abteilungen vermieden und die Effizienz der Wertschöpfung gesteigert. Durch Anpassung der Geschäftsprozesse kann rasch und flexibel auf neue Umweltsituationen reagiert werden.

Obwohl Geschäftsprozesse seit mehreren Jahren Gegenstand der Forschung im Bereich der Wirtschaftsinformatik sind, hat sich in der Literatur bisher keine allgemein anerkannte Definition des Begriffs Geschäftsprozeß durchgesetzt (für einen Überblick siehe [Voss96], [ChaSer95] und [Jaes96]). Dieser Arbeit liegt die Geschäftsprozeßdefinition von Ferstl und Sinz [FeSi94] zugrunde, wonach ein **Geschäftsprozeß** aus mindestens einem autonomen betrieblichen Objekt besteht, das über Transaktionen Leistungen bzw. Nachrichten mit anderen Objekten austauscht. Dies geschieht zielgerichtet unter Ausrichtung an **Sachzielen**, die den Zweck des Systems beschreiben, während **Formalziele** die Qualität der Sachzielerreichung vorgeben. Objekte und Transaktionen können im Zuge der Verfeinerung von Geschäftsprozessen in Teilobjekte und weitere Transaktionen zerlegt werden. Geschäftsprozesse werden als Lösungsverfahren zur Umsetzung des Unternehmensplans betrachtet.

Geschäftsprozesse werden in der SOM-Methodik unter Verwendung der Objekttypen *betriebliches Objekt, betriebliche Transaktion, Leistung, Aufgabe* und *Ereignis* modelliert. *Betriebliche Objekte* können entweder *Umweltobjekte* oder *Diskursweltobjekte* sein (Generalisierungshierarchie). *Betriebliche Transaktionen* unterscheiden sich in Transaktionen zur nicht-hierarchischen Koordination nach dem Verhandlungsprinzip unter Nutzung von *Anbahnungs-, Vereinbarungs-* und *Durchführungstransaktionen* sowie Transaktionen zur hierachischen Koordination nach dem Regelungsprinzip mittels *Steuer-*, *Kontroll-* und *Zieltransaktionen* [FeSi98, S. 194 - 195].

Die Beziehungen zwischen diesen Objekttypen und die zugehörigen grafischen Symbole lassen sich untenstehendem Metamodell entnehmen. Für eine konkrete Ausprägung einer dieser Objekttypen, z. B. das konkrete Objekt *Kunde*, wird im folgenden zusammenfassend die Bezeichnung **Modellkomponente** benutzt, um den Unterschied zum Objekttyp *betriebliches Objekt* zu verdeutlichen.

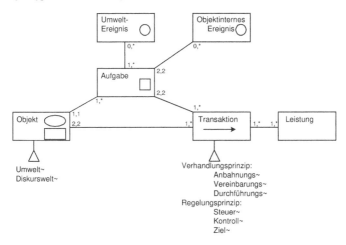

*Abbildung 2: Meta-Modell für Geschäftsprozeßmodelle [FeSi98, S. 195]*

Bei der geschäftsprozessorientierten Einführung von SSW liegt der Fokus nun auf den Geschäftsprozessen eines Unternehmens. SSW wird nicht mehr mit dem Ziel der Automatisierung einzelner Funktionen eingeführt, sondern um die Geschäftsprozesse zu unterstützen. Dies setzt sowohl eine prozeßorientierte Gestaltung der Standardsoftware als auch eine prozeßorientierte Betrachtungsweise des Unternehmens voraus.

Analog zu Kirchmer kann die allgemeine Definition der Einführung von Standardsoftware nun präziser formuliert werden:

**Geschäftsprozeßorientierte Einführung von Standardsoftware** „umfaßt alle Aktivitäten, um Geschäftsprozesse mit Hilfe der Software so zu realisieren, daß die strategischen Ziele eines Unternehmens dadurch optimal unterstützt werden" [Kirch96, S. 29].

## 2.2 Geschäftsprozeßmodellierung im Semantischen Objektmodell (SOM)

Die folgende Beschreibung des Semantischen Objektmodells orientiert sich eng an [Fe-Si98, S. 176 - 209] sowie [FeSi94]:

Das von Ferstl und Sinz entwickelte **Semantische Objektmodell (SOM)** ist ein objekt-und geschäftsprozeßorientierter Ansatz zur Modellierung betrieblicher Systeme. Da der SOM-Ansatz eine ganzheitliche Sichtweise vertritt, werden sowohl die Leistungser-stellung als auch deren Lenkung betrachtet. Als Rahmen für ein umfassendes Modellsy-stem dient die Unternehmensarchitektur, die das Modellsystem in drei aufeinander auf-bauende Modellebenen gliedert.

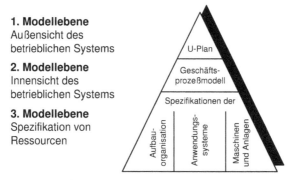

*Abbildung 3: Unternehmensarchitektur der SOM-Methodik [FeSi98, S. 177]*

1. **Unternehmensplan**: Der Unternehmensplan beschreibt ein betriebliches System aus Außensicht. Durch Beschreibung der Unternehmensaufgabe und der zu ihrer Durchführung benötigten Ressourcen entsteht eine globale Beschreibung des Ver-haltens des betrieblichen Systems.

2. **Geschäftsprozeßmodell**: Das Geschäftsprozeßmodell beschreibt ein betriebliches System aus Innensicht. Wie bereits bei der Definition des Begriffs Geschäftsprozeß erläutert, werden hier die Lösungsverfahren für die Durchführung des Unterneh-mensplans erläutert.

3. **Ressourcenmodell**: Geschäftsprozesse benötigen für ihre Durchführung Ressour-cen, die hier beschrieben werden.

Darüber hinaus werden in der Unternehmensarchitektur die Beziehungen zwischen den Teilmodellsystemen erfaßt, anhand derer die Teilmodellsysteme untereinander abgestimmt werden. Aus Gründen der Handhabbarkeit werden die drei Teilmodellsysteme der Unternehmensarchitektur in strukturorientierte und verhaltensorientierte Modellsichten getrennt. Die Modellbildung erfolgt anhand eines Vorgehensmodells, das im folgenden als **V-Modell** bezeichnet wird. Das V-Modell besteht aus drei Ebenen, die mit denen der Unternehmensarchitektur korrespondieren. Im linken Schenkel sind die strukturorientierten Sichten zusammengefaßt, während sich im rechten Schenkel die verhaltensorientierten Sichten des V-Modells befinden.

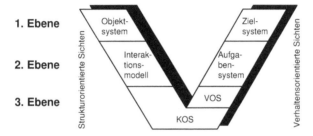

*Abbildung 4: Vorgehensmodell der SOM-Methodik [FeSi98, S. 179]*

1. Ebene: Beschreibung des Unternehmensplans aus strukturorientierter Sicht im **Objektsystem** und aus verhaltensorientierter Sicht im **Zielsystem**.

2. Ebene: Geschäftsprozeßmodell bestehend aus Interaktionsmodell und Aufgabensystem. Das Interaktionsmodell, das aus einer Folge von **Interaktionsschemata (IAS)** besteht, spezifiziert die Struktur von Geschäftsprozessen in Form von betrieblichen Objekten, die durch Transaktionen verknüpft sind. Das Aufgabensystem, bestehend aus einer Folge von **Vorgangs-Ereignis-Schemata (VES)** beschreibt das zugehörige Verhalten anhand von Vorgangstypen und ihren Ereignisbeziehungen.

3. Ebene: Fachliche Spezifikation der Anwendungssysteme durch ein strukturorientiertes **konzeptuelles Objektschema (KOS)**, das konzeptuelle Objekttypen und ihre Beziehungen umfaßt und ein verhaltensorientiertes **Vorgangsobjektschema (VOS)**, das das Zusammenwirken der konzeptuellen Objekttypen in Form von Vorgangsobjekttypen beschreibt.

Zusammenfassend wird der SOM-Ansatz, die Unternehmensarchitektur und das Vorgehensmodell im folgenden als **SOM-Methodik** bezeichnet.

Ein durchgängiges Beispiel für die Modellierung mit der SOM-Methodik findet sich in [FeSi98, S. 181 ff].

## 2.3  Das Modellierungswerkzeug SOMpro

Unter dem Namen „**SOMpro**" hat die Bamberger Firma SFB GmbH ein Softwarewerkzeug auf der Basis der SOM-Methodik entwickelt, das mittlerweile in der Version 2.2 kommerziell verfügbar ist. Kernanwendungsbereiche des Werkzeugs sind [SFB98]:

- Unternehmensmodellierung,

- Workflowspezifikation und –einführung und

- Objektorientiertes Softwaredesign.

Für diese Arbeit ist nur der Anwendungsbereich Unternehmensmodellierung von Interesse. Gemäß des SOM-Ansatzes wird eine ganzheitliche und umfassende Modellierung von Unternehmen unterstützt. Das Werkzeug unterstützt zwar eine Top-Down-Modellierung, läßt aber dem Modellierer auch die Freiheit, einzelne Ebenen der Unternehmensarchitektur unabhängig von den anderen zu bearbeiten. Bei der Top-Down-Modellierung wird, beginnend mit der ersten Ebene der Unternehmensarchitektur, zunächst der Unternehmensplan mit Strategien, Zielen und Kernkompetenzen modelliert. Anschließend erfolgt die Gestaltung der Geschäftsprozesse durch Interaktionsdiagramme sowie Vorgangs-Ereignis-Schemata. Schließlich lassen sich auf der dritten Ebene die Organisation sowie die Anwendungssysteme erfassen. Die konkreten Diagramme werden grafisch am Bildschirm gestaltet und in einer Datenbank persistent gespeichert. Das in dieser Arbeit vorgestellte Werkzeug setzt auf dieser Datenbank auf und liest aus ihr alle benötigten Informationen. Analog werden die gewünschten Veränderungen an den SOM-Diagrammen direkt in die SOMpro-Datenbank geschrieben, so daß die angepaßten Modelle direkt weiterbearbeitet werden können.

# 3 Konzeption einer wissensbasierten Werkzeugunterstützung für die Einführung von Standardsoftware

Gerade eine Problemstellung wie die Einführung von Standardsoftware kann von den Erkenntnissen und Erfahrungen aus vorangegangenen Lösungen dieses Problems in hohem Maße profitieren. Daher ist es gängige Praxis, bei einem Einführungsprojekt auf Vorgehens- und Referenzmodelle zurückzugreifen [Schm97]. Das in diesen Modellen enthaltene Wissen ist jedoch sehr allgemein und hilft bei speziellen Problemsituationen nicht immer weiter.

Der im Rahmen dieser Arbeit entwickelte Prototyp eines wissensbasierten Werkzeugs wird als zusätzliche Unterstützung, neben Vorgehens- und Referenzmodellen, bei der Einführung von SSW gesehen. Die Unterstützung erfolgt durch Anwendung des in der *Wissensbasis* des Werkzeugs hinterlegten *Expertenwissens* auf Referenzmodelle. Solche wissensverarbeitenden Systeme werden auch mit dem Sammelbegriff **Wissensbasiertes System** bezeichnet [Sti+97], [Puppe91].

Dieses Kapitel gibt einen Überblick über Hilfsmittel bei der Einführung von SSW, führt in die Grundlagen von *Expertensystemen*, einem speziellen Typ von wissensbasierten Systemen, ein und stellt den Bezug zur Entwicklung des Prototyps her.

## 3.1 Unterstützung der Einführung durch Modelle

### 3.1.1 Der Einsatz von Vorgehensmodellen

Für eine effiziente Einführung empfiehlt sich ein strukturiertes Vorgehen anhand eines *Vorgehensmodells* [KloSche97, S. 6 ff]. Der Begriff des **Vorgehensmodells** stammt ursprünglich aus dem Bereich der Softwareentwicklung und bezeichnet ein Konzept zur Strukturierung und Bewältigung der Komplexität des Entwicklungsprozesses. Dazu wird dieser in eine Anzahl von idealtypischen Phasen gegliedert, die nacheinander ablaufen und aufeinander aufbauen [Sti+97]. Die wichtigsten Vorteile, die sich bei der

Verwendung eines Vorgehensmodells gegenüber einer unstrukturierten Vorgehensweise ergeben, sind:

- Unterstützung von Projekt- und Qualitätsmanagement

- Fortschrittskontrolle durch Definition von Meilensteinen

- Zugang zu Erfahrungswissen aus früheren Projekten, das im Vorgehensmodell implizit enthalten ist

- Personenunabhängige Anleitungen und Hilfestellungen

- Minimierung des Projektrisikos

Mittlerweile wurden auch in anderen Bereichen die Vorteile des Einsatzes eines Vorgehensmodells erkannt und spezifische Modelle für diese Bereiche entwickelt, so z. B. das Vorgehensmodell der SOM-Methodik für die Unternehmensmodellierung oder auch Vorgehensmodelle für die Einführung von Standardsoftware.

Vorgehensmodelle für die Einführung von SSW werden zum einen von den jeweiligen Softwareherstellern bereitgestellt, beispielsweise das R/3-Vorgehensmodell der SAP AG [Mein95, S. 488]. Neben diesen **softwarespezifischen** Vorgehensmodellen werden in der Literatur auch **softwareunabhängige** Vorgehensmodelle beschrieben ([Heß99], [Kirch96], [Piet94]), z.B. das im öffentlichen Bereich verbindliche V-Modell [Rühl96, S. 88].

Um die Einordnung des wissensbasierten Werkzeugs in den Einführungsprozeß zu zeigen, wird im folgenden kurz das in [Heß99, S. 32 – 51] beschriebene Phasenmodell für den Ablauf einer geschäftsprozeßorientierten Einführung von SSW vorgestellt. Wie in der Mehrzahl dieser Modelle wird hier der Einführungsprozeß in Phasen gegliedert. Die Einführung wird selbst als Geschäftsprozeß aufgefaßt und in die Phasen Projektplanung, Prozeßorientierte Analyse, Anpassung und Realisierung sowie Inbetriebnahme unterteilt. Jede Phase umfaßt eine Anzahl von Tätigkeiten in den Bereichen Projekt- und Risikomanagement, Design- und Softwaremanagement, Technologiemanangement und Schulungsmanagement und verwendet die Ergebnisse der vorangegangenen Phase als Input.

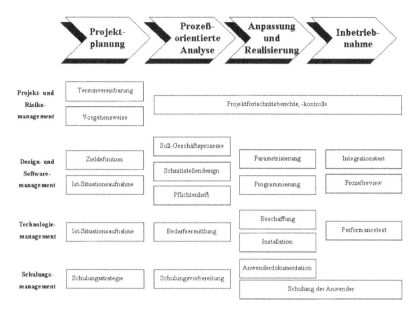

*Abbildung 5: Phasenmodell einer geschäftsprozeßorientierten Einführung von Standardsoftware [Heß99, S. 32]*

Die Schwerpunkte der einzelnen Phasen lassen sich obiger Abbildung entnehmen und werden im folgenden kurz zusammengefaßt:

### Projektplanung

In dieser Phase werden die Voraussetzungen für eine erfolgreiche Projektdurchführung geschaffen. Dazu gehören die Festlegung der Organisation und Konzeption für die Durchführung, die Definition der Projektziele und der Abgleich mit den Unternehmens-zielen, die Analyse der Ist-Situation im Unternehmen sowie die Auswahl und Schulung von Projektmitarbeitern.

### Prozeßorientierte Analyse

Neben der Definition der Soll-Geschäftsprozesse werden in dieser Phase der Design der Schnittstellen zu anderen Anwendungssystemen, die Erstellung des Pflichtenhefts und die Ermittlung des Hardwarebedarfs durchgeführt.

**Anpassung und Realisierung**

Diese Phase umfaßt die Durchführung des Customizing, die Implementierung der Schnittstellen, Beschaffung und Installation der benötigten Hardware, die Datenübernahme ins Produktivsystem, die Erstellung der Anwenderdokumentation und den Beginn der Schulung.

Je nach Bedarf kann es in dieser Phase zu einer Neugestaltung der Aufbau- und Ablauforganisation im Unternehmen kommen.

**Inbetriebnahme**

Zu dieser Phase gehören die Abschlußtests und die Inbetriebnahme, das Einrichten der Benutzer und die Vergabe von Zugriffsrechten, das Testen der Hardware hinsichtlich Performance und Kapazität, die Systemoptimierung und der Abschluß der Anwenderschulung.

Nach erfolgreichem Abschluß des Einführungsprojektes verfügt das Unternehmen über ein einsatzbereites Anwendungssystem, das speziell auf seine Bedürfnisse abgestimmt ist, sowie über für dieses System geschulte Mitarbeiter. Durch kontinuierliche Kontrolle und Überprüfung (Prozeßreview) wird eine fortwährende Anpassung und Optimierung für sich dynamisch ändernde Umweltbedingungen gewährleistet.

Von zentraler Bedeutung für den Erfolg des Einführungsprojekts ist die in der zweiten Phase (Prozeßorientierte Analyse) angesiedelte Erstellung des Sollkonzeptes in Form von Geschäftsprozeßmodellen, die auf den Ergebnissen der Ist-Analyse aus der ersten Phase basieren (vgl. [Sche96, S. 114 - 116]). An dieser Stelle besteht die Möglichkeit, die existierenden Strukturen und Abläufe grundlegend zu überdenken und gegebenenfalls zu verbessern. Dieser unter der Bezeichnung **Geschäftsprozeßoptimierung** bzw. **Business Process Redesign (BPR)** bekannte Vorgang kann zu erheblichen Steigerungen bei der Qualität und Effizienz der Wertschöpfungskette eines Unternehmens führen [HamCha98, S. 51 ff].

### 3.1.2 Der Einsatz von Referenzmodellen

Will man das Risiko eines Scheiterns aufgrund mangelnder Erfahrung und den Zeit- und Kostenaufwand minimal halten, empfiehlt es sich, auf *Referenzmodelle* zurückzugreifen, in denen erprobte und effiziente Geschäftsprozesse spezifiziert sind.

Obwohl in der einschlägigen Literatur oft von Referenzmodellen die Rede ist, findet man nur selten eine Definition des Begriffs. Raue nimmt sich in [Raue96, S. 26] dieses Mißstands an und definiert ein **Referenzmodell** als „ein Modell ... , das eine gewisse Befähigung aufweist, beim Entwurf mehrerer Modelle wiederverwendet werden zu können". Dem gegenüber stellt er den Begriff des **Implementierungsmodells** als „ein Modell für ein bestimmtes reales System, z.B. für ein Unternehmen, das in einer spezifischen Branche agiert und definierte Funktionsbereiche aufweist".

Im Bereich der hier betrachteten Geschäftsprozeß-Referenzmodelle lassen sich softwarespezische und softwareunabhängige Modelltypen unterscheiden. Erstere werden von Softwareherstellern für ihre Produkte zur Verfügung gestellt und bilden eine vollständige Spezifikation sämtlicher von der SSW unterstützten Geschäftsprozesse, beispielsweise das R/3-Referenzmodell der SAP AG [Mein95, S. 489]. Dieser Modelltyp wird im folgenden auch **Software-Referenzmodell** genannt. Diesem gegenüber steht der softwareunabhängige Modelltyp, in dem, meist für eine bestimmte Branche, die „best practice"-Geschäftsprozesse dieser Branche dargestellt sind, im folgenden in Anlehnung an [Sche96] als **Branchen-Referenzmodell** bezeichnet.

Während sich Branchen-Referenzmodelle vor allem für den formalen Aufbau und die Strukturierung der Ist-Analyse eignen, läßt sich ein aus einem Software-Referenzmodell abgeleitetes Sollkonzept in Form eines Implementierungsmodells auch direkt für die Parametrisierung der Standardsoftware einsetzen. Unter **Parametrisierung** versteht man die Einstellung der sog. **Parameter**, Datenfelder mit planerischem Spielraum zur Beeinflussung eines Softwaresystems, vor Inbetriebnahme, mit dem Zweck der Anpassung der SSW an die Anforderungen eines Unternehmens [Piet94, S. 26 ff].

Die Einordnung der Referenzmodelle in die SOM-Methodik zeigt nachstehende Abbildung:

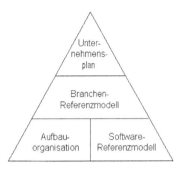

*Abbildung 6: Benutzung von Referenzmodellen bei der Einführung von Standardsoftware*

Das Erstellen eines Implementierungsmodells kann prinzipiell auf zwei verschiedene Arten erfolgen [Sinz97, S. 14]:

Erhält man das Implementierungsmodell durch Abänderung und Anpassung des Referenzmodells, wird dieses auch als **Nicht-generisches Referenzmodell** bezeichnet. Nicht-generische Referenzmodelle werden als normative Modelle oder als Check-Liste bei der Modellierung eingesetzt. Das Implementierungsmodell ist formal nicht mehr auf das Referenzmodell rückführbar.

Wird das Implementierungsmodell durch Generalisierung, Spezialisierung und Verfeinerung des Referenzmodells abgeleitet, spricht man von einem **Generischen Referenzmodell**. Das Referenzmodell wird als Ausgangspunkt für die Ableitung des Implementierungsmodells eingesetzt, welches formal auf das Referenzmodell rückführbar ist.

Das vorliegende Werkzeug unterstützt die Anpassung von softwareunabhängigen Geschäftsprozeß-Referenzmodellen, es erfolgt demnach eine nicht-generische Wiederverwendung von Referenzmodellen.

## 3.2  Unterstützung der Einführung durch Expertenwissen

Eine Organisation aus Wirtschaft oder Verwaltung, die die Einführung von SSW plant, verfügt typischerweise nicht über Mitarbeiter, die für diese Aufgabe ausgebildet sind. Auch wenn es eigene Fachabteilungen für die Informations- und Kommunikationstechnologie gibt, sind deren Mitarbeiter normalerweise hauptsächlich für die Betreuung, Wartung und Anpassung der vorhandenen betrieblichen Informationssysteme zuständig.

Mit der Einführung eines komplexen ERP-Systems sind diese Mitarbeiter – auf sich alleine gestellt – häufig überfordert. Aus diesem Grund ist es gängige Praxis, bei der Einführung die Unterstützung des Softwareherstellers oder eines dritten Beratungsunternehmens in Anspruch zu nehmen. Zu diesem Zweck wird ein Projektteam aus Mitarbeitern des einführenden Unternehmens und externen Experten gebildet.

### 3.2.1 Grundlagen von Expertensystemen

Allgemein versteht man unter einem **Experten** einen Menschen, der „sich anerkanntermaßen durch eine hohe Konstanz und Effizienz bei der Lösung von Problemen in Einem bestimmten Problembereich auszeichnet" [Weide91, S. 13]. Sein fachspezifisches Wissen in diesem engen Problembereich, der **Problemdomäne**, heißt **Expertenwissen** und besteht aus Fakten und den „Daumenregeln" des Experten, die als **Heuristiken** bezeichnet werden [Weide91, S. 13]. Die Beziehung zwischen Problemdomäne und Expertenwissen zeigt nachstehende Abbildung:

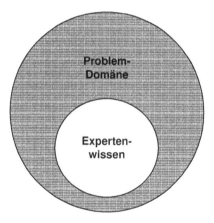

*Abbildung 7: Beziehung zwischen Problemdomäne und Expertenwissen [GiaRil94, S. 4]*

Es wird sichtbar, daß das Wissen eines einzelnen Experten nicht die ganze Problemdomäne abdeckt. Um zu einer optimalen Lösung eines Problems zu gelangen, ist es daher zweckmäßig, mehrere Experten zu konsultieren.

In der Regel ist menschliches Expertenwissen sowohl knapp als auch teuer. Sollen mehrere Experten zur Lösung eines Problems zusammenarbeiten, kommt ein hoher Koordinations- und Kommunikationsaufwand hinzu. Für eine effektive Nutzung des Wissens mehrerer menschlicher Experten empfiehlt sich daher der Einsatz eines Expertensystems. Feigenbaum definiert ein **Expertensystem (XPS)** als ein Anwendungssystem, „das Wissen und Inferenzverfahren benutzt, um Probleme zu lösen, die immerhin so schwierig sind, daß ihre Lösung ein beträchtliches Fachwissen erfordert" [HaKi86, S. 3]. Unter dieser Definition sammeln sich Systeme für ein breites Feld sehr unterschiedlicher Anwendungsbereiche wie z. B. die medizinische Diagnostik, die Konfiguration von Computern, die Analyse von Schaltkreisen usw.

Der Einsatz von XPS in diesen Bereichen zeigt prinzipiell eine Reihe von Vorteilen gegenüber einer Konsultation menschlicher Experten. Zu nennen sind hier insbesondere die höhere Speicher- und Verarbeitungskapazität, der erweiterte Zugang zu Expertenwissen für einen größeren Nutzerkreis, die permanente Verfügbarkeit über die Verfügbarkeit menschlicher Experten hinaus, die gleichbleibende Qualität und nicht zuletzt die niedrigeren Kosten durch Vervielfältigung des Wissens. Trotz dieser unbestreitbaren Vorteile werden Expertensysteme derzeit hauptsächlich zur Unterstützung menschlicher Experten eingesetzt. Ein völlig autonomer Einsatz ist beim Stand der Entwicklung nur für einfache, scharf abgegrenzte Problembereiche möglich [BieHop91].

Puppe schlägt in [Puppe91, S. 13] eine Architektur für ein Expertensystem vor, die unabhängig von den jeweiligen Wissensinhalten immer zugrundegelegt werden kann:

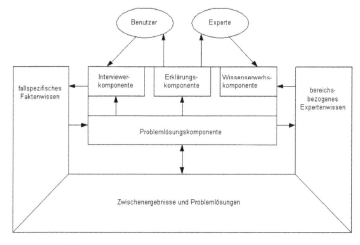

*Abbildung 8: Architektur eines Expertensystems nach [Puppe91]*

Die Architektur beschreibt die verschiedenen Module eines Expertensystems und ihre Beziehungen zueinander aus Außensicht. Konventionelle Anwendungssysteme wenden Algorithmen auf Daten an. Für die Entwicklung von Expertensystemen wurde hingegen ein Paradigmenwechsel vollzogen: Hier operiert eine bereichsunabhängige Problemlösungskomponente (**Inferenzmaschine**) auf dem in der Wissensbasis implementierten Wissen. Neben diesen beiden Hauptmodulen gibt es folgende Untermodule:

- **Interviewerkomponente**

  Diese Komponente führt den Dialog mit dem Benutzer, bzw. liest automatisch erhobene Meßdaten ein.

- **Erklärungskomponente**

  Diese Komponente liefert dem Benutzer Rechtfertigungen und Begründungen für die gefundene Lösung. Dem Experten ist sie bei der Fehlersuche in der Wissensbasis behilflich.

- **Wissenserwerbskomponente**

  Dies ist die Schnittstelle zum menschlichen Experten zur Implementierung seines Wissens in der Wissensbasis.

In der Wissenbasis unterscheidet man zwei Bereiche: **Bereichsbezogenes Expertenwissen** wird im Rahmen der **Wissensakquisition** vom Experten artikuliert, formalisiert und in die **Wissensbasis** des Systems eingebracht. Diese Wissensart steuert den Gebrauch des **fallspezifischen Faktenwissens**, das vom Benutzer bei der Konsultation des Expertensystems eingegeben wird.

Die Wissensakquisition kann grundsätzlich auf vier Arten erfolgen [Kolb91, S. 148 ff]:

a) **Indirekte Wissensakquisition**

  Ausgangspunkt ist die Befragung des Experten durch einen *Wissensingenieur*, der die Formalisierung und Implementierung in das XPS übernimmt.

  Wegen der komplizierten Bedienung der Wissenserwerbskomponente ist diese Form der Wissensakquisition in der Praxis am gebräuchlichsten.

b) **Direkte Wissensakquisition**

  Der Experte formalisiert und implementiert sein Wissen selbst und kommuniziert dabei direkt mit der Wissenserwerbskomponente des Expertensystems.

Direkte Wissensakquisition setzt eine leicht erlernbare und komfortabel bedienbare Wissenserwerbskomponente voraus.

c) **Automatische Wissensakquisition**

Das Expertensystem lernt Wissen ohne menschliche Beteiligung aus Problemdaten und den zugehörigen Lösungen. Diese Form der Wissensakquisition ist bei der grundlegenden Erstellung der Wissensbasis nicht anwendbar. Ihr Einsatz beschränkt sich auf die Pflege und Wartung der Wissensbasis.

d) **Modellbasierte Wissensakquisition**

Das Wissen wird nicht mehr direkt in einer implementierungsabhängigen Form erhoben, sondern es werden sogenannte konzeptuelle Modelle akquiriert oder sogar interaktiv aufgebaut. Ziel ist der Aufbau eines Wissensmodells durch gegenseitiges Lernen von Maschine und *Wissensmodellierer*.

### 3.2.2 Darstellung von Expertenwissen durch Semantische Netze

Für die Implementierung des Wissens in die Wissensbasis und die Verarbeitung durch die Inferenzmaschine muß dieses Wissen in eine adäquate Form überführt werden. Für diese sogenannte **Wissensrepräsentation** werden in der Literatur diverse Grundtechniken vorgeschlagen. Puppe [Puppe91, S. 15 ff] nennt beispielsweise *Semantische Netze, Regeln, Frames* und *Constraints*.

Für die Entwicklung des wissensbasierten Werkzeugs werden das Konzept der Semantischen Netze und das Konzept der Regeln benutzt. Regeln werden zum Beschreiben von Beziehungen benutzt und daher erst in Kapitel 4 erläutert. Nachfolgend wird beschrieben wie das Konzept der Semantischen Netze zur Repräsentation von *Fragenkatalogen* benutzt wird.

Semantische Netze sind die älteste und allgemeinste Form der Wissensrepräsentation.

„Ein **Semantisches Netz** ist eine Sammlung von Objekten, die als **Knoten (nodes)** bezeichnet werden. Knoten sind miteinander durch **Bögen (arcs)** oder **Glieder (links)** verbunden. Normalerweise werden sowohl die Verbindungen als auch die Knoten mit Namen versehen" [HaKi86, S. 41].

Obwohl bei der Bildung Semantischer Netze große Freiheitsgrade bestehen, ist es aus Gründen der „Lesbarkeit" angebracht, einige typische Konventionen zu berücksichtigen [HaKi86]:

1. **Knoten** repräsentieren Objekte oder Deskriptoren.

   • Objekte können physische Gegenstände sein, die man sehen oder berühren kann. Beispiel: „Jacke", „Hut", „Mensch".

   • Ebenso können Objekte gedankliche Gegenstände sein, wie z. B. Handlungen, Ereignisse oder abstrakte Kategorien.

   • Deskriptoren repräsentieren zusätzliche Informationen über Objekte.

2. **Glieder** verbinden Objekte und Deskriptoren untereinander. Typische Glieder sind:

   • **Ist-ein**: Relation zwischen Klasse und Instanz sowie zwischen Klassen unterschiedlichen Abstraktionsgrades.

   • **Hat-ein**: Relation zwischen Objekten und Teilobjekten.

   • Darüber hinaus können beliebige Relationen verwendet werden, wie z. B. die definierende Relation *trägt*.

Als Beispiel wird nachstehend die männliche Person Wilson als Semantisches Netz beschrieben:

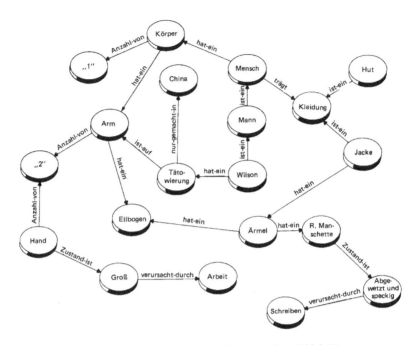

*Abbildung 9: Beispiel für ein Semantisches Netz nach [HaKi86, S. 42]*

### 3.2.3 Darstellung von Fragenkatalogen als Semantische Netze

Der Begriff **Fragenkatalog** bezeichnet eine geordnete Auflistung einer Menge von Fragen. Ganz allgemein kann ein Fragenkatalog zur detaillierten Analyse einer Situation benutzt werden, die bisher nur aus Außensicht bekannt ist. Im Kontext der Einführung von SSW werden Fragenkataloge von ERP-Anbietern und Beratungsunternehmen zur Ermittlung des Anpassungsbedarfs der Standardsoftware an die Anforderungen des Unternehmens eingesetzt. Bei den Fragen handelt es sich um betriebswirtschaftlich ausgerichtete Fragen, für deren Beantwortung kein Spezialwissen über das einzuführende Anwendungssystem nötig ist. Dies ist wichtig, um Mißverständnissen zwischen Systemplanern und Anwendern aus den Fachabteilungen vorzubeugen und die Kommunikation zu verbessern. Das Ergebnis aus der Abarbeitung des Fragenkatalogs ist eine Beschreibung des Ist-Zustandes des betrachteten Unternehmens. Diese Beschreibung bildet den Ausgangspunkt für die Erstellung eines *Pflichtenheftes*, in dem die nötigen Anpassungen der Standardsoftware spezifiziert werden.

Die herkömmliche Verwendung von Fragenkatalogen bei der Einführung von SSW wird für die Entwicklung des wissensbasierten Werkzeugs nun erweitert. Dazu wird der Fragenkatalog um vorgegebene Antworten ergänzt, unter denen der Benutzer jeweils genau eine auswählen kann. Fragen und Antworten repräsentieren zusammen das Expertenwissen, das für die Anpassung des zugrundeliegenden Referenzmodells erforderlich ist.

Eine weitere Ergänzung stellen Beziehungen dar, die zwischen Fragen definiert werden können. Diese Beziehungen beschreiben Abhängigkeiten zwischen Fragen. Dadurch kann eine Frage in Abhängigkeit von der Antwort auf eine andere Frage ausgeblendet oder mit einer vorbestimmten Antwort beantwortet werden. Der Fragenkatalog paßt sich somit bei der Beantwortung dynamisch an bereits gegebene Antworten an.

In der Wissensbasis wird ein Fragenkatalog als Semantisches Netz repräsentiert. Dazu werden folgende Knoten und Glieder definiert:

1. **Knoten**

   - *Kategorie*: Kategorien dienen zum inhaltlichen Strukturieren der Fragen. Inhaltlich verwandte Fragen können zu einer Kategorie zusammengefaßt werden.

   - *Frage*: Repräsentiert eine Frage des Fragenkatalogs.

   - *Antwort*: Eine Antwort zu einer Frage des Fragenkatalogs.

2. **Glieder**

   - *ist_ein*: Verbindet eine Instanz mit ihrer Klasse, z. B. *Frage F1 ist_ein Frage*.

   - *hat_ein*: Verbindet Teilobjekte mit übergeordneten Objekten, z. B. *Kategorie K1 hat_ein Frage F1*.

   - *deaktiviert*: Negative Modifikation einer Frage durch die Antwort auf eine andere Frage.

   - *aktiviert*: Positive Manipulation einer Frage durch die Antwort auf eine andere Frage.

   - *beantwortet*: Manipulation einer Frage durch Setzen einer Antwort in Abhängigkeit von einer anderen Frage.

Die Verbindung der Objekte durch die Glieder verdeutlicht folgendes Beispiel:

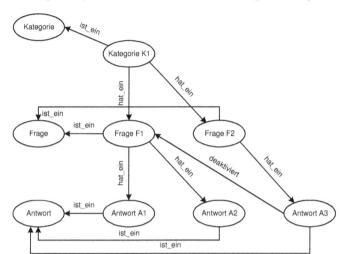

*Abbildung 10: Beispiel für die Darstellung eines Fragenkatalogs als Sematisches Netz*

Da das Semantische Netz für einen Fragenkatalog nur aus wenigen Objekt- und Beziehungstypen besteht, läßt es sich relativ leicht in ein konzeptuelles Datenbankschema gemäß SERM[1] überführen. Aus diesem Grund wurde für das wissensbasierte Werkzeug eine datenbankgestützte Architektur gewählt, bei der die Wissensbasis in einer relationalen Datenbank gespeichert wird. Folgendes konzeptuelles Datenbankschema liegt dabei zugrunde:

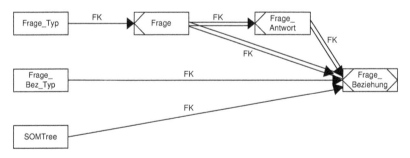

*Abbildung 11: Konzeptuelles Datenbankschema in SERM*

---

[1] Eine ausführliche Einführung in die Datenmodellierung mit SERM bietet [FeSi98].

*Frage_Typ*, *Frage_Bez_Typ* und *SOMTree* sind originäre, nicht existenzabhängige Objekttypen. Einem Fragetyp sind null bis beliebig viele Fragen zugeordnet, die Abhängigkeit wird durch Fremdschlüssel-Vererbung (FK) hergestellt. Eine Frage hat mindestens eine Antwort und gehört zu mindestens einer Beziehung, die wiederum genau einen Typ hat. Beziehungstypen existieren jedoch auch ohne zugeordneten Beziehungen. *SOMTree* dient zur Speicherung der Komponenten des Referenzmodells.

Das daraus abgeleitete interne Datenbankschema gemäß Relationenmodell ist in Anhang A angefügt.

### 3.2.4 Vorgehensweise bei einer wissensbasierten Einführung

Der Einsatz des wissensbasierten Werkzeugs kann sowohl bei der Aufnahme der Ist-Situation als auch bei der Erstellung des Sollkonzepts in der Phase *Prozeßorientierte Analyse* des in Unterkapitel 3.1.1 vorgestellten Vorgehensmodells erfolgen. Die Vorgehensweise beim Einsatz läßt sich in vier Schritte gliedern, die in nachstehender Abbildung dargestellt sind:

*Abbildung 12: Vorgehensweise bei einer wissensbasierten Einführung von Standardsoftware*

Den ersten Schritt bildet die Auswahl eines passenden Geschäftsprozeß-Referenzmodells, z. B. anhand der Branche, in der das einführende Unternehmen agiert. Der zweite Schritt besteht in der Erstellung des Fragenkatalogs. Dazu werden Fragen erfaßt und inhaltlich geordnet, sowie mit zweckmäßigen Antworten versehen.

Das Erstellen von Beziehungen zwischen Fragen und den Komponenten des Referenzmodells sowie innerhalb des Fragenkatalogs erfolgt im dritten Schritt. Der abschließende vierte Schritt beinhaltet die Konsultation des Werkzeugs. Hierzu wird der Fragenkatalog abgearbeitet und zutreffende Antworten werden ausgewählt. Die Inferenzkomponente wertet diese Antworten aus und modifiziert dementsprechend das Referenzmodell.

Die ersten drei Schritte werden von Experten durchgeführt, die über bereichsbezogenes Wissen auf dem Gebiet der Einführung von SSW verfügen. Die Beantwortung des Fragenkatalogs im Rahmen des vierten Schrittes erfolgt durch Mitarbeiter aus den Fachabteilungen des einführenden Unternehmens, die das fallspezifische Wissen hinzusteuern. Dies kann wiederum durch Experten unterstützt werden.

Somit wird auch die Zielgruppe des wissensbasierten Werkzeugs deutlich: Es werden sowohl externe Berater (Experten) als auch die Mitarbeiter des einführenden Unternehmens bei der Nutzung ihres jeweiligen Wissens unterstützt.

# 4 Konzeption und Realisierung des Werkzeugs

In diesem Kapitel wird die Anwendung der im vorangegangenen Kapitel erläuterten Konzepte bei der Entwicklung des im Rahmen dieser Arbeit entstandenen Software-Prototyps beschrieben. Bei dem entwickelten Werkzeug handelt es sich um einen Demonstrations-Prototypen[2], mit dem die Realisierbarkeit des diskutierten Ansatzes getestet wurde. Nachdem die Arbeit so weit fortgeschritten war, daß die Realisierbarkeit feststand, kam als weiteres Ziel die Auslotung der Nutzenpotentiale einer wissensbasierten Vorgehensweise bei der Einführung von SSW hinzu.

Parallel zur Konzeption wird die prototypische Realisation beschrieben.

## 4.1 Architektur des Werkzeugs

Für die vorliegende Arbeit wird die in Kapitel 3 beschriebene wissensbasierte Vorgehensweise für die Anpassung von Referenzmodellen beim Erstellen des Sollkonzepts übernommen. Das zu entwickelnde Werkzeug unterstützt zum einen die Erfassung, Strukturierung und Verwaltung des Fragenkatalogs durch eine grafische Benutzerschnittstelle und übernimmt zum anderen die Rolle des Interviewers bei der Beantwortung der Fragen. Die Auswirkungen der Fragen bei der Anpassung des Referenzmodells werden durch das Erstellen von Beziehungen zwischen einer Frage und einer Modellkomponente festgelegt, die durch die Auswahl einer bestimmten Antwort aktiviert wird.

Beziehungen werden in Form von Regeln spezifiziert, die in den folgenden Unterkapiteln detailliert beschrieben werden. Beziehungen können sowohl zwischen Fragen und Modellkomponenten als auch zwischen zwei Fragen erstellt werden. Letzterer Beziehungstyp ermöglicht eine dynamische Anpassung des Fragenkatalogs während des Beantwortungsvorgangs. Dabei können in Abhängigkeit von bereits gegebenen Antworten

---

[2] Eine ausführliche Beschreibung der evolutionären Systementwicklung und des Prototyping-Ansatzes findet sich in [Som96, S. 137 ff].

andere Fragen ein- bzw. ausgeblendet oder vom Werkzeug automatisch mit vordefinierten Antworten beantwortet werden.

Die Konzeption des wissensbasierten Werkzeugs basiert auf der in Kapitel 3 vorgestellten Architektur von Expertensystemen nach Puppe. Die konkrete Struktur des Werkzeugs aus Außensicht zeigt Abbildung 13:

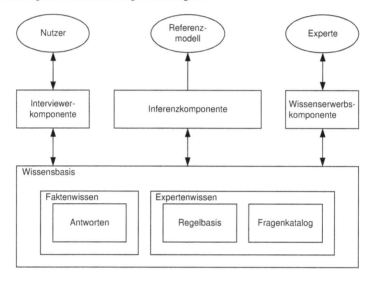

*Abbildung 13: Struktur des wissensbasierten Werkzeugs*

Vor der ersten Konsultation durch den Nutzer wird von einem Experten mit Hilfe der *Wissenserwerbskomponente* der Fragenkatalog erfaßt und die Beziehungen zum Referenzmodell in Form von Regeln hinterlegt. Zusammen mit vordefinierten Regeln zur Konsistenz- und Integritätssicherung bei der Anpassung des Referenzmodells bildet dieses Wissen den Bereich Expertenwissen der Wissensbasis. Beim Entwurf der Wissenserwerbskomponete wurde besonders auf leichte Erlernbarkeit und Bedienbarkeit geachtet, um eine direkte Wissensakquisition durch den Experten zu ermöglichen.

Zur komfortablen Beantwortung des Fragenkatalogs durch einen Benutzers dient die *Interviewerkomponente*. Die dabei ausgewählten Fragen bilden den Bereich des Faktenwissens der Wissensbasis.

Die *Inferenzkomponente* wertet das Faktenwissen unter Rückgriff auf das Expertenwissen aus und führt die Anpassung des zugrundeliegenden Referenzmodells durch. Als

Inferenzverfahren kommt dabei die Regel des **Modus ponens** zur Anwendung, die auch allgemein die am häufigsten verwendete Inferenzstrategie bei wissensbasierten Systemen ist [HaKi86, S. 56]. Der Modus ponens besagt: Wenn A als wahr bekannt ist und die Regel „*Wenn A, dann B*" gilt, dann kann daraus geschlossen werden, daß auch B wahr ist. Folgendes Beispiel zeigt die Anwendung des Modus ponens:

Regel:        „*Wenn der Käse Löcher hat, dann ist es Emmentaler.*"

Faktum:      „*Der Käse hat Löcher.*"

Schluß:      „*Der Käse ist Emmentaler.*"

Die Verwendung des Modus ponens setzt einfache Regeln voraus und führt zu leicht verständlichen Schlußfolgerungen.

Für die Steuerung des Inferenzverfahrens wird das Prinzip der **Vorwärtsverkettung** (engl. forward chaining) eingesetzt. Dabei wird zunächst ausgehend vom Faktenwissen in der Wissensbasis, im vorliegenden Fall die bereits gegebenen Antworten, die Menge aller ausführbaren Regeln bestimmt. Aus dieser sogenannten *Konfliktmenge* wird in einem zweiten Schritt mittels einer *Konfliktlösungsstrategie* eine Regel ausgewählt und ausgeführt.

Die wichtigsten Konfliktlösungsstrategien, die auch kombiniert werden können, sind [Puppe91, S. 32]:

**1. Auswahl nach Reihenfolge**

Beispiele:

- Die erste anwendbare Regel wird ausgeführt (*Trivialstrategie*).

- Die aktuellste Regel wird ausgeführt, d. h. die Regel, deren Vorbedingung sich auf möglichst neue Einträge in der Wissensbasis bezieht.

**2. Auswahl nach syntaktischer Struktur der Regel**

Beispiele:

- Spezifischere Regeln werden bevorzugt. Eine Regel R1 ist spezifischer als R2, wenn die Vorbedingung von R1, z. B. A ∧ B ∧ C von der von R2, z. B. A ∧ C, subsumiert wird.

- Die syntaktisch größte Regel wird ausgeführt, bspw. die Regel mit den meisten Aussagen.

3. **Auswahl mittels Zusatzwissen**

   Beispiele:

   - Die Regel mit der höchsten Priorität wird ausgeführt. Dazu muß jeder Regel eine Priorität, die z. B. durch eine Zahl repräsentiert werden kann, zugeordnet werden.

   - Zusätzliche Regeln, sogenannte *Meta-Regeln*, steuern den Auswahlprozeß.

Bei der Realisierung des Prototyps wurde die *Trivialstrategie* für die Regelauswahl gewählt, d. h. die erste anwendbare Regel wird ausgeführt. Die Inferenzkomponente des Prototyps beruht also auf folgendem Regelinterpretierer [Puppe91, S. 23]:

(1)    DATEN  ← Ausgangsdatenbasis,

(2)    until DATEN erfüllt Terminierungskriterium or keine Regel anwendbar do

(3)    begin

(4)        wähle eine anwendbare Regel R, deren Bedingungsteil durch DATEN erfüllt ist,

(5)        DATEN  ← Ergebnis der Anwendung des Aktionsteils von R auf DATEN,

(6)    end.

Wegen des prototypischen Charakters des Werkzeugs wurde auf die Implementierung einer eigenen *Erklärungskomponente* verzichtet. Durch Angabe der benutzten Regeln wäre dies jedoch möglich.

## 4.2  Darstellung der SOM-Unternehmensarchitektur als Baum

Das Werkzeug stellt ein Referenzmodell als Baum dar, der im folgenden auch **Modellbaum** genannt wird. Gründe hierfür sind der hierarchische Aufbau der SOM-

Unternehmensarchitektur und ihrer Modelle sowie einfache Handhabbarkeit selbst bei großer Knotenzahl. In Anlehnung an [Dom81, S. 4 - 15] und [Wirth86, S.200 - 203] werden hierfür folgende Begriffe axiomatisch definiert:

Ein **Baum** ist ein zusammenhängender, ungerichteter oder gerichteter Graph, der keinen Kreis enthält. Ein Untergraph eines Baumes, der selbst wiederum einen Baum darstellt, wird als **Teilbaum** bezeichnet. Der oberste Knoten heißt **Wurzelknoten**. Ein Knoten $y$, der sich unmittelbar unter einem Knoten $x$ befindet, heißt (direkter) **Nachfolger** oder **Kind** von $x$. Analog heißt ein Knoten $x$, der sich unmittelbar über einem Knoten $y$ befindet, (direkter) **Vorgänger** oder **Vater** von $y$. Befindet sich $x$ auf **Stufe** $i$, wird $y$ die Stufe $i+1$ zugeordnet. Der Wurzel eines Baumes wird per Definition die Stufe 0 zugeordnet. Hat ein Knoten keine Nachfolger, so heißt er **Endknoten** oder **Blattknoten**.

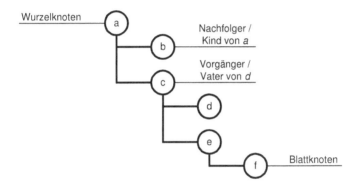

*Abbildung 14: Beispiel für einen Baum*

Auf eine formale graphentheoretische Definition wird hier verzichtet, da sie für das Verständnis dieser Arbeit nicht notwendig ist. Sie kann jedoch z. B. [Jung90] entnommen werden.

Als Wurzelknoten des Modellbaums dient der Name des modellierten Unternehmens, der das dargestellte Modell identifiziert. Stufe 1 des Modellbaums enthält genau drei Knoten, wobei der erste Knoten den *Unternehmensplan* repräsentiert, der zweite Knoten das *Geschäftsprozeßmodell* und der dritte Knoten das *Ressourcenmodell*.

Auf Stufe 2 werden unterhalb des Unternehmensplans je ein Teilbaum für Planelemente und Planbeziehungen dargestellt.

Das Interaktionsmodell und das Aufgabensystem stellen jeweils dieselben Prozesse einmal aus strukturorientierter Sicht und einmal aus verhaltensorientierter Sicht dar. Die Trennung von strukturorientierter und verhaltensorientierter Sicht dient im SOM-Ansatz der Komplexitätsbewältigung. Aus der obigen Definition für einen Baum geht hervor, daß jeder Knoten in einem Baum genau einen Vorgänger hat (einzige Ausnahme ist der Wurzelknoten). Diese Eigenschaft von Bäumen verhindert es, die Informationen eines SOM-Geschäftsprozeßmodells verlustfrei in eine **redundanzfreie** Baum-Darstellung zu überführen. Redundanzfrei meint hier, daß für jede Modellkomponente genau ein Knoten existiert. Dies soll an einem Beispiel verdeutlicht werden:

In der SOM-Methodik wird eine Transaktion „durch je eine Aufgabe des übergebenden und des empfangenden Objekts durchgeführt" [FeSi98, S. 183]. Aufgaben werden also sowohl Transaktionen als auch Objekten zugeordnet. Würde diese Zuordnung in die Baumdarstellung übernommen, müßten für eine Aufgabe ein Knoten als Nachfolger der zugehörigen Transaktion und ein weiterer Knoten als Nachfolger des zugehörigen Objekts aufgenommen werden. Der Baum wäre nicht mehr redundanzfrei.

Redundanzen können zu *Anomalien*[3] beim Speichern der Knoten und beim Erstellen der Beziehungen führen und sollen deshalb vermieden werden. Aus diesem Grund wird für die Baumdarstellung eine **Prozeßsicht** eingeführt, in der jeder Geschäftsprozeß explizit als Knoten dargestellt wird. Beziehungen zwischen Geschäftsprozessen werden durch Prozeßkopplungen dargestellt.

Als Nachfolger des Geschäftsprozeßmodells werden Prozesse und Prozeßkopplungen (Stufe 3) als jeweils eigene Teilbäume dargestellt. Für jeden Prozeß werden auf Stufe 4 die ihm zugrundeliegenden Objekte und Transaktionen als Nachfolger in die Baumdarstellung aufgenommen. Vervollständigt wird die Darstellung der Prozesse durch die Zuordnung der erstellten Leistungen sowie der zugehörigen Aufgaben und Ereignisse. Im Modellbaum wird also nicht zwischen struktur- und verhaltensorientierter Sicht unterschieden. Der dadurch verursachte Informationsverlust wird zugunsten eines redundanzfreien Modellbaums ausdrücklich in Kauf genommen, da es nicht Ziel dieser Arbeit ist, ein Modellierungswerkzeug zu entwickeln. Nachfolgende Tabelle zeigt die Zuordnungen bei der Abbildung der SOM-Unternehmensarchitektur als Baum:

---

[3] Eine ausführliche Darstellung von Redundanzen und Anomalien findet sich in [Voss94, S.249ff].

| SOM-Teilmodell | Modellbaum Stufe 1 | Modellbaum Stufe 2 | Modellbaum Stufe 3 |
|---|---|---|---|
| Unternehmens-plan | Unternehmensplan | Plan<br>Plan-Beziehung | |
| Interaktionsdia-gramm | Geschäftsprozeß-modell | Prozeß | Objekt<br>Transaktion<br>Leistung<br>Aufgabe<br>Ereignis |
| Vorgangs-Ereignis-Schema | | Prozeß-Kopplung | |
| Ressourcen-modell | Ressourcenmodell | Organisationssicht | Organisation<br>Organisations-Beziehung |
| | | Anwendungssicht | Anwendungssystem<br>AwS-Beziehung |

*Abbildung 15: SOM-Modellebenen und korrespondierende Stufen des Modellbaums*

Unterhalb des Ressourcenmodells wird zwischen Organisationssicht und Anwendungssicht unterschieden. Der Organisationssicht folgen auf der nächsten Stufe (Stufe 3) Teilbäume für Organisationseinheiten und Organisationsbeziehungen. Die Anwendungssicht enthält Teilbäume für Anwendungssysteme und Anwendungssystembeziehungen. Das Grundgerüst des Modellbaums ergibt sich somit wie in Abbildung 16 dargestellt:

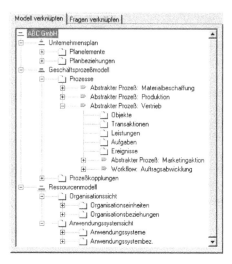

*Abbildung 16: Grundgerüst des Modellbaums*

Um die Einordnung und Identifizierung der Modellkomponenten zu erleichtern, werden neben der Bezeichnung der Komponenten zusätzliche Informationen dargestellt. Dies ist für alle Komponenten der in SOMpro hinterlegte Objekttyp, wie in Abbildung 16 für den Prozeß *Materialbeschaffung* erkennbar (Objekttyp „Abstrakter Prozeß"). Für Beziehungskomponenten wird zusätzlich die Start- und Endkomponente angegeben. Die Prozeßkopplung *Lieferdisposition* wird beispielsweise so dargestellt:

**Prozeßkopplung: Auftragsabwicklung > Lieferdisposition > Warenzustellung**

In diesem Beispiel ist *Auftragsabwicklung* die Startkomponente und *Warenzustellung* die Endkomponente der Beziehung.

## 4.3 Erstellen eines Fragenkatalogs

Der erste Schritt bei der Anwendung des Werkzeugs besteht aus dem Erstellen des Fragenkatalogs. Die erfaßten Fragen werden in einer Datenbank gespeichert, so daß für jedes Referenzmodell der zugehörige Fragenkatalog nur einmal erfaßt werden muß und dann wiederverwendet werden kann.

Auch die Fragen lassen sich in einer Baumdarstellung hierarchisch ordnen, für die die Bezeichnung **Fragenbaum** eingeführt wird. Dadurch lassen sich die Fragen thematisch strukturieren, um auch bei größeren Fragenkatalogen die Übersichtlichkeit zu gewährleisten. Zu Beginn der Erstellung eines Fragenbaums enthält dieser nur den Wurzel-knoten, der mit „Root" (engl. für „Wurzel") bezeichnet ist.

### 4.3.1 Erfassen von Fragen

Für das Erfassen und Strukturieren von Fragen stehen dem Benutzer folgende Operato-ren zur Verfügung:

- Knoten einfügen,

- Knoten ändern,

- Knoten löschen,

- Knotenposition ändern.

Die Funktionen *Einfügen*, *Ändern* und *Löschen* können sowohl über Schaltflächen als auch über das Kontextmenü des selektierten Knotens, das über die rechte Maustaste erreichbar ist, aufgerufen werden. Die Knotenposition kann durch Ziehen mit der Maus des selektierten Knotens innerhalb des Baums geändert werden („Drag and Drop"). Vorhandene Nachfolger werden dabei mitversetzt. Das Erfassen einer Frage geschieht durch Erstellen eines neuen Knotens, der dem Baum als letzter Nachfolger des selek-tierten Knotens hinzugefügt wird. Der eingefügte Knoten erhält standardmäßig die Be-zeichnung „Neu" und eine fortlaufende Nummer. Der Text der Frage kann nun in einem Textfeld editiert werden und wird nach Abschluß der Änderung in die Baumdarstellung übernommen. Zusätzlich kann ein Erläuterungstext erfaßt werden, der dem Benutzer durch weiterführende fachliche Informationen die Beantwortung der Frage erleichtert. Um den neuen Knoten als Frage festzulegen, muß ihm der Typ „Frage" zugewiesen werden. Bei der Erfassung der Antworten besteht die Möglichkeit, die Frage als einfa-che *Ja/Nein-Frage* zu klassifizieren oder mehrere benutzerdefinierter Antworten vorzu-geben.

Mit **Ja/Nein-Frage** wird in diesem Zusammenhang eine Frage bezeichnet, die nur mit den Antworten „Ja" oder „Nein" beantwortet werden kann. Für die Erfassung komple-xerer Sachverhalte kann für eine Frage auch eine beliebige Anzahl ausführlicher Ant-worten hinterlegt werden. Beim Abarbeiten des Fragenkatalogs muß der Benutzer später genau eine Antwort aus den zur Verfügung stehenden auswählen. Damit ist die Erfas-sung der Frage abgeschlossen.

*Abbildung 17: Beispiel für eine Frage mit benutzerdefinierten Antworten*

Durch bereits erfaßte Fragen kann der Benutzer navigieren. Inhaltlich zusammengehörende Fragen können zu Teilbäumen gruppiert werden, die zur besseren Übersichtlichkeit auf- und zugeklappt werden können. Für die Strukturierung des Fragenkatalogs steht außerdem der Knotentyp *Kategorie* zur Verfügung.

Für die Navigation stellt das Werkzeug Schaltflächen zur Verfügung, die folgende Operatoren ausführen:

- Ersten Knoten anspringen,

- Letzten Knoten anspringen,

- Nächsten Knoten anspringen,

- Vorhergehenden Knoten anspringen.

Für das Anspringen des jeweils nächsten Knotens wurde ein Algorithmus zur Tiefensuche (depth first search) implementiert, wie er beispielsweise in [HaKi89] beschrieben ist. Beginnend mit dem selektierten Knoten $k$ wird der erste Nachfolger $x$ dieses Knotens angesprungen, danach wieder der erste Nachfolger $y$ des Knotens $x$. Dieses Verfahren wird rekursiv für alle Nachfolger fortgesetzt. Besitzt ein Knoten keinen Nachfolger, wird der nächste Knoten der gleichen Stufe angesprungen. Befindet sich auf der aktuellen Stufe $i$ nur ein Knoten, springt der Algorithmus zum nächsten Knoten auf der Stufe $i-1$.

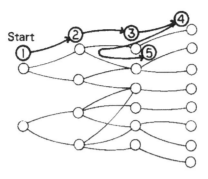

*Abbildung 18: Depth-first-Suche mit Vorwärtsverkettung [HaKi86 , S. 64]*

Beim Anspringen des jeweils vorhergehenden Knotens wird die durch den depth first search-Algorithmus entstandene Knotensequenz zurückverfolgt.

Neben der Navigation über Schaltflächen lassen sich Knoten durch Anklicken im Baum auch direkt anspringen. Für den aktuell selektierten Knoten werden der Text der Frage bzw. die Bezeichnung der Kategorie sowie im Falle einer Frage die zugehörigen Antworten angezeigt. Änderungen können jederzeit vorgenommen werden.

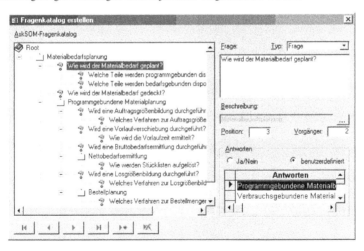

*Abbildung 19: Erfassen des Fragenkatalogs*

## 4.4   Erstellen von Beziehungen zur Anpassung eines Referenzmodells

### 4.4.1   Erstellen von Beziehungen zwischen Fragen und Komponenten eines Referenzmodells

Im gleichen Formular wie der Fragenbaum wird auch das SOM-Referenzmodell in Form eines Baumes (im Folgenden: **SOM-Baum**) dargestellt. Die Baumdarstellung bildet alle modellierten Modellkomponenten des zugrundeliegenden Referenzmodells ab. Mittels „Drag and Drop" kann der Benutzer Fragen aus dem Fragenbaum zu Knoten im SOM-Baum zuordnen. Die Beziehung zwischen Frage und zugeordneter SOM-Komponenete wird durch eine Regel der Form „Wenn $X$, dann $Y$" beschrieben. Die **Vorbedingung** $X$ spezifiziert die Situation, in der die **Aktion** $Y$ ausgeführt werden soll. Laut [Puppe91, S. 21 ff] lassen sich zwei grundlegende Typen von Aktionen unterscheiden:

- „**Implikationen** oder **Deduktionen**, mit denen der Wahrheitsgehalt einer Feststellung hergeleitet wird"

    Beispiel [Puppe91, S. 21]:

    > Wenn        1. Nackensteife und
    >
    > 2. hohes Fieber und
    >
    > 3. Bewußtseinstrübung zusammentreffen,
    >
    > dann besteht Verdacht auf Meningitis.

- „**Handlungen**, mit denen ein Zustand verändert wird"

    Beispiel [Puppe91, S. 21]:

    > Absetzen (Klotz1, Klotz2):
    >
    > Wenn        1. frei (Klotz1) und
    >
    > 2. im_Greifarm (Klotz 2),
    >
    > dann        1. auf (Klotz2, Klotz1)
    >
    > 2. frei (Klotz2)
    >
    > 3. im Greifarm ().

Solche **Wenn-dann-Regeln** sind die verbreitetste Form der Wissensrepräsentation in Expertensystemen. In dem vorliegenden wissensbasierten Werkzeug werden Wenn-dann-Regeln benutzt, um das betriebswirtschaftliche Wissen, das für die Anpassung von Referenzmodellen notwendig ist, in einer Wissensbasis abzubilden. Es wird also der Aktionstyp *Handlung* für eine Zustandsänderung des Referenzmodells benutzt.

Bei der Erstellung einer neuen, benutzerdefinierten Regel für die Manipulation einer Modellkomponente durch eine Frage wird in der Vorbedingung die Antwort festgelegt, die zum Ausführen einer Aktion führt. In der Aktion werden die Modellkomponente und der Operator, der auf ihr ausgeführt werden soll, angegeben. Eine Regel für eine Beziehung zwischen einer Frage und einer Modellkomponente hat demnach die allgemeine Form:

Wenn        Antwort auf Frage *X* lautet *Y*,

dann        Operator *O* auf Modellkomponente *Z*.

Die verfügbaren Operatoren zur Manipulation der Modellkomponenten sind:

- Aktiviere Modellkomponente,

- Deaktiviere Modellkomponente.

Die beispielhafte Erstellung einer konkreten Regel zeigt nachfolgende Abbildung.

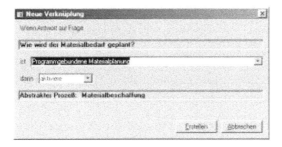

*Abbildung 20: Beispiel für die Erstellung einer Beziehung zwischen einer Frage und einer Modellkomponente*

Erstellte Regeln werden aus Sicht der Fragen angezeigt, d. h. für die selektierte Frage werden die zugehörigen Regeln aufgelistet. Für die nachträgliche Bearbeitung der Regeln sind folgende Operatoren definiert:

- Regel erstellen,

- Regel bearbeiten,

- Regel löschen,

- Regel anzeigen.

Wie bereits erwähnt, erfolgt die Erstellung einer Regel durch Ziehen einer Frage auf eine Modellkomponente mit der Maus, die übrigen Operatoren werden über ein Kontext-Menü ausgeführt. Der Operator *Regel anzeigen* macht eine möglicherweise verdeckte Modellkomponente sichtbar, indem sie in der Baumdarstellung angesprungen wird. Weiterhin sind das Löschen und Bearbeiten von Regeln möglich.

Neben den benutzerdefinierten Regeln sind im Werkzeug vorgegebene Regeln hinterlegt, die die Konsistenz und Integrität des Referenzmodells gewährleisten. Unter Beachtung des SOM-Metamodells und des SOMpro-Datenbankschemas müssen bei der Manipulation von Komponenten auch die zugehörigen Beziehungen berücksichtigt werden. Die vordefinierten Regeln unterscheiden sich in **allgemeine Regeln**, die für die Komponenten aller drei Ebenen der SOM-Unternehmensarchitektur gelten, sowie in **spezielle Regeln**, die nur für die Komponenten des Geschäftsprozeßmodells (zweite Ebene) gelten:

**1) Allgemeine Regeln**

A1)    Wenn           Modellkomponente $M$ deaktiviert,

         dann           deaktiviere alle zugehörigen Beziehungen $B$.

Beispiel:

Wird das Umweltobjekt *Lieferant* deaktiviert, führt dies zur automatischen Deaktivierung der zugehörigen Transaktion *Materiallieferung*.

A2)    Wenn           Zerlegte Komponente $K$ deaktiviert,

         dann           deaktiviere alle zugehörigen Zerlegungskomponenten $Z$.

Beispiel:

Wird der Teilprozeß *Materialbedarfsplanung* deaktiviert, werden auch die durch Zerlegung aufgedeckten, untergeordneten Teilprozesse *Programmgebundene*

*Materialbedarfsplanung* und *Bedarfsgebundene Materialbedarfsplanung* deaktiviert.

**2) Spezielle Regeln**

| | | |
|---|---|---|
| S1) | Wenn | Prozeß *P* deaktiviert, |
| | dann | deaktiviere   alle zugehörigen Objekte *O*, |
| | | Transaktionen *T*, |
| | | Leistungen *L*, |
| | | Aufgaben *A* und |
| | | Ereignisse *E*. |

| | | |
|---|---|---|
| S2) | Wenn | Objekt *O* deaktiviert, |
| | dann | deaktiviere   alle zugeordneten Transaktionen *T* und |
| | | Aufgaben *A*. |

| | | |
|---|---|---|
| S3) | Wenn | Transaktion *T* deaktiviert, |
| | dann | deaktiviere   alle zugeordneten Ereignisse E. |

Diese vordefinierten Regeln lassen sich nicht über die graphische Benutzeroberfläche ändern oder löschen und werden von der Inferenzkomponente automatisch ausgeführt.

### 4.4.2   Erstellen von Beziehungen zwischen Fragen

Die Antwort auf eine Frage kann sich nicht nur auf eine Modellkomponente auswirken, sondern auch auf eine andere Frage. So kann durch die Beantwortung einer Frage eine andere Frage bzw. ein Fragenast ausgeschlossen oder eine andere Antwort bereits festgelegt werden. Für diese Verknüpfungen stellt das Werkzeug zwei Beziehungstypen bereit, die zwischen Fragen erstellt werden können.

**1) Manipulation von verknüpften Fragen**

Der erste Beziehungstyp dient zur Manipulation von verknüpften Fragen. Eine Manipulation kann durch Aktivieren oder Deaktivieren einer Frage erfolgen und bezieht sich auf das später durchzuführende Beantworten des Fragenkatalogs, bei dem eine deaktivierte Frage ausgeblendet wird und nicht beantwortet werden muß. Die zugehörige Regel hat die allgemeine Form:

Wenn            Antwort auf Frage $X$ lautet $Y$,

dann            Operator $O$ auf Frage $Z$.

Als Operatoren sind analog zur Manipulation der Modellkomponenten

- Aktiviere Frage,

- Deaktiviere Frage

definiert.

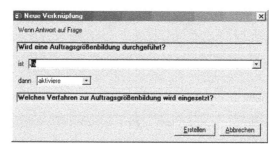

*Abbildung 21: Beispiel für eine konkrete Regel zur Manipulation einer Frage*

Auch hier werden erstellte Regeln aus Sicht der Frage im Vorbedingungsteil der Regel angezeigt und können mit den oben genannten Operatoren bearbeitet werden.

**2) Manipulation von Antworten**

Ein zweiter Beziehungstyp erlaubt die Manipulation der Antworten der verknüpften Frage $Z$. Beim Ausführen der zugehörigen Regel beantwortet das Werkzeug die im Aktionsteil angegebene Frage $Z$ mit einer ebenfalls angegebenen Antwort $A$. Diese Antwort muß zu den beim Erstellen der Frage erfaßten Antworten gehören. Die Regel hat die allgemeine Form:

Wenn            Antwort auf Frage $X$ lautet $Y$,

dann            beantworte Frage $Z$ mit Antwort $A$.

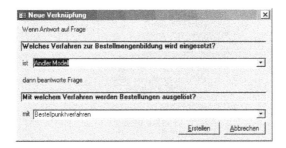

*Abbildung 22: Beispiel für eine konkrete Regel zur Manipulation einer Antwort*

Es gelten die obigen Ausführungen zum ersten Beziehungstyp für die Manipulation von Fragen.

## 4.5  Beantworten des Fragenkatalogs

Um ein SOM-Referenzmodell an ein spezielles Unternehmen anzupassen, muß der Fragenkatalog beantwortet werden. Dazu ist es empfehlenswert, die Fragen der Reihe nach abzuarbeiten und jeweils die Antwort auszuwählen, die die Situation im Unternehmen am besten beschreibt. Die Fragen können jedoch auch in beliebiger Reihenfolge beantwortet werden. Eine Frage wird mit genau einer Antwort beantwortet. Um die Einordnung einer Frage in den Kontext zu erleichtern, ist der komplette Fragenbaum stets sichtbar. Für die Navigation durch den Fragebaum stehen dieselben Hilfsmittel wie beim Erfassen der Fragen zur Verfügung. Zu Beginn einer Sitzung zur Beantworten des Fragenkatalogs sind alle Fragen aktiv und nicht beantwortet. Nach der Beantwortung einer Frage wird für diese Frage nach Regeln in der Regelbasis gesucht. Wird eine Regel gefunden und die richtige Antwort für die Erfüllung der Vorbedingung wurde gegeben, „feuert" die Regel, d. h. ihr Aktionsteil wird ausgeführt. Für die Auswertung der Antworten müssen nicht alle Fragen beantwortet werden.

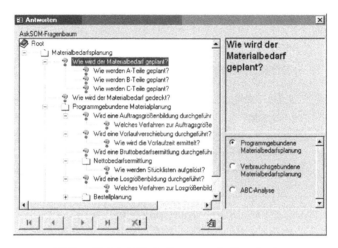

*Abbildung 23: Beispiel für das Beantworten des Fragenkatalogs*

## 4.6 Auswerten der Antworten

Nach dem Beantworten der Fragen werden die Antworten von der Anwendung ausge-
wertet. Ausgangspunkt der Auswertung ist die Menge der aktiven Fragen des Frage-
baums. Für jede Frage dieser Menge wird das Vorhandensein von zugehörigen Beziehungen geprüft. Wird eine Beziehung gefunden, untersucht die Inferenzkomponente, ob
die Vorbedingung der zugehörigen Regel wahr ist. In Abhängigkeit von der gegebenen
Antwort wird die in der Regel festgelegte Aktion ausgeführt und dadurch die zur Frage
zugeordnete Modellkomponente aktiviert oder deaktiviert. Dies geschieht durch Setzen
(Wert 1) einer Markierung (Datenbankfeld MERKER in der SOMpro-Datenbank) bei
Aktivierung bzw. Löschen (Wert 0) der Markierung bei Deaktivierung der Komponente
direkt in der SOMpro-Datenbank. Die Markierungen in der Datenbank werden in den
graphischen Modellsichten von SOMpro angezeigt. Die Auswertung ist beendet, wenn
alle aktiven Fragen abgearbeitet sind.

Durch Aktivieren der Modelloption „Modifikationen sowie Auffälligkeiten durch Mo-
dellprüfung und –vergleich anzeigen" im Modellierungswerkzeug SOMpro werden die
von AskSOM durchgeführten Änderungen in den Modellsichten von SOMpro sichtbar.
Alle deaktivierten Komponenten sind dann grafisch markiert. Das angepaßte Modell
kann mit SOMpro weiterbearbeitet werden.

# 5 Anwendung des Werkzeugs anhand eines konkreten Referenzmodells

In diesem Kapitel wird die Anwendung des wissensbasierten Werkzeugs anhand eines durchgängigen Beispiels demonstriert.

## 5.1 Das verwendete Referenzmodell

Für das Beispiel wurde unter Rückgriff auf [Scheer97], [Mert97], [Gla+92] und [Dorn+90] im Modellierungswerkzeug SOMpro ein vereinfachtes Geschäftsprozeß-Referenzmodell für den Geschäftsprozeß *Produktionsplanung und –steuerung (PPS)* eines Industrieunternehmens modelliert. Die erste Zerlegung des Geschäftsprozesses zeigt, daß der Prozeß aus einer sequentiellen Abfolge der Teilprozesse *Produktionspro-grammplanung*, *Materialbedarfsplanung*, *Zeit- und Kapazitätsplanung*, *Auftragsfreiga-be* und *Feinsteuerung* besteht:

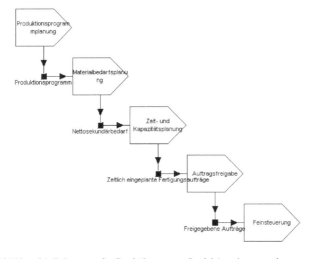

*Abbildung 24: Teilprozesse des Geschäftsprozesses Produktionsplanung und -steuerung*

Da die Behandlung des gesamten Geschäftsprozesses den Rahmen dieser Arbeit sprengen würde, beschränken sich die folgenden Ausführungen auf den Teilprozeß *Materialbedarfsplanung*. Für diesen Prozeß wurden Struktur und Verhalten wie folgt modelliert:

**Struktursicht:**

Das Interaktionsschema besteht aus den drei Diskursweltobjekten *Vertrieb*, *Materialbeschaffung* und *Produktion* sowie dem Umweltobjekt Lieferant und den zugehörigen Transaktionen. Der *Vertrieb* meldet über eine Zieltransaktion die Auftrags- und Verkaufszahlen an die *Materialbeschaffung*, die darauf basierend den Materialbedarf disponiert. Der Bedarf an eigengefertigten Teilen wird an die *Produktion* weitergegeben, der Bedarf an fremdbezogenen Teilen an die *Lieferanten*. Die Lieferung von Material und fremdbezogenen Teilen erfolgt durch eine Durchführungstransaktion an die *Produktion*.

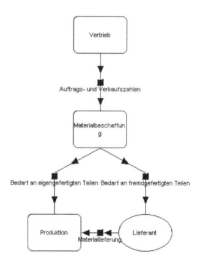

*Abbildung 25: IAS des Teilprozesses Materialbedarfsplanung*

**Verhaltenssicht:**

Das Vorgangs-Ereignis-Schema zeigt die zwei grundlegenden Methoden, die für die Materialbedarfsplanung eingesetzt werden können:

Bei der **programmgebundenen Materialbedarfsplanung** wird der Bedarf an Baugruppen und Einzelteilen aus den in der Produktionsprogramm-Planung ermittelten Nettoprimärbedarfen abgeleitet.

Die **verbrauchsgebundene Materialbedarfsplanung** ermittelt den Bedarf an Baugruppen und Einzelteilen durch Prognosen, die auf dem Verbrauch in vergangenen Perioden beruhen.

Ausgangspunkt für die Entscheidung, welche Teile mit welcher Methode disponiert werden, ist in der Regel eine ABC-Analyse. Eine gängige Empfehlung ist, A- und B-Teile programmgebunden, C-Teile dagegen verbrauchsgebunden zu planen [Gla+92].

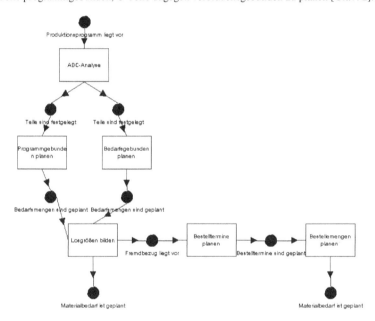

*Abbildung 26: VES des Teilprozesses Materialbedarfsplanung*

Der Teilprozeß *Materialbedarfsplanung* wird nun weiter verfeinert in die Teilprozesse *Programmgebundene Materialbedarfsplanung* und *Verbrauchsgebundene Materialbedarfsplanung*. Das Beispiel beschränkt sich im weiteren auf den Teilprozess *Programmgebundene Materialbedarfsplanung*, der folgendermaßen abläuft:

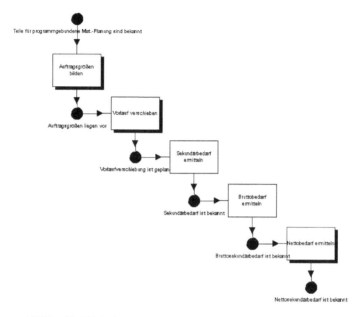

*Abbildung 27: VES für den Teilprozeß Programmgebundene Materialbedarfsplanung*

## 5.2   Die Anwendung des Werkzeugs

Das Beispiel folgt bei der Anwendung des Werkzeugs der in Unterkapitel 3.2.4 beschriebenen Vorgehensweise in vier Schritten. Da das zugrundeliegende Referenzmodell bereits vorgestellt und der zu betrachtende Ausschnitt abgegrenzt wurde, ist die Durchführung des ersten Schrittes bereits abgeschlossen. Vor der Konsultation des Werkzeuges muß nun ein Fragenkatalog erstellt werden.

### 5.2.1   Erstellen des Fragenkatalogs

Der Nutzen des wissensbasierten Werkzeugs beim Einführungsprozeß hängt in starkem Maße von der Qualität des Fragenkataloges ab. Zielgruppe des Fragenkatalogs sind Mitarbeiter aus den Fachabteilungen des einführenden Unternehmens, die in der Regel über kein Fachwissen im Bereich der Geschäftsprozeßmodellierung und –optimierung verfügen. Der Fragenkatalog sollte also möglichst die Verwendung von modellspezifischem Vokabular vermeiden und nur solche Fragen beinhalten, die mit betriebswirt-schaftlichem Wissen beantwortet werden können. Das Referenzmodell bietet jedoch wichtige Anhaltspunkte für das Auffinden der Fragen. Ausgehend vom VES des Teil-prozesses Materialbedarfsplanung werden nun Fragen formuliert, mit deren Antworten sich der Prozeß beschreiben läßt. Die erste Aufgabe des VES ist die Durchführung einer ABC-Analyse zur Bestimmung der Planungsmethode. Die ABC-Analyse ist jedoch nicht erforderlich, wenn alle Teile mit der gleichen Methode disponiert werden. Deshalb lautet die erste Frage des Fragenkatalogs:

Wie wird der Materialbedarf geplant?

Die zugehörigen Antworten sind:

- Programmgebundene Materialbedarfsplanung,

- Bedarfsgebundene Materialbedarfsplanung,

- ABC-Analyse.

Lautet die Antwort „ABC-Analyse", muß festgelegt werden, welche Teile mit welcher Methode geplant werden. Dazu werden unter der ersten Frage drei Nachfolger einge-fügt:

1) Wie werden A-Teile geplant?

2) Wie werden B-Teile geplant?

3) Wie werden C-Teile geplant?

Diese Fragen können jeweils mit:

- Programmgebunden oder

- Bedarfsgebunden

beantwortet werden.

Nachdem die Planungsmethode festgelegt wurde, muß die Herkunft der Teile bestimmt werden. Hierzu wird folgende Frage auf Stufe 1 in den Fragenkatalog aufgenommen:

Wie wird der Materialbedarf gedeckt?

Antworten können sein:

- Fremdbezug,

- Eigenherstellung,

- Beides.

Nun wird der Ablauf der programmgebundenen Materialbedarfsplanung erfragt. Die Fragen zum Ablauf der bedarfsgebundenen Materialbedarfsplanung werden davon getrennt erfaßt. Um die Trennung der beiden Methoden in den Fragenkatalog zu übernehmen, wird für jede Methode eine eigene Kategorie erstellt.

Für das Auffinden der Fragen zum Ablauf der programmgebundenen Materialbedarfsplanung wird wieder das zugehörige VES betrachtet. Hier besteht die erste Aufgabe aus der Auftragsgrößenbildung, die jedoch nicht zwingend erforderlich ist. Beispielsweise ist die Auftragsgröße bei der kundenauftragsbezogenen Fertigung von Maschinen oder ähnlichen Produkten jeweils ein Kundenauftrag. Somit lautet die Frage:

Wird eine Auftragsgrößenbildung durchgeführt?

Diese Frage kann nur mit den Antworten

- Ja oder

- Nein

beantwortet werden.

Für die Auftragsgrößenbildung gibt es verschiedene Methoden. Es wird also ein Nachfolger eingefügt, der die zu verwendende Methode erfragt:

Welches Verfahren zur Auftragsgrößenbildung wird eingesetzt?

Die verfügbaren Methoden und damit die Antworten sind:

- Andler Modell,

- Stückperiodenausgleich,

- Periodenkostenminimierung,

- Dynamische Programmierung.

Die nächste Aufgabe ist die Vorlaufverschiebung, zu der folgende Ja/Nein-Frage formuliert wird:

Wird eine Vorlaufverschiebung durchgeführt?

Diese Frage erhält einen Nachfolger, der das Verfahren für die Durchführung der Vorlaufverschiebung erfragt:

Wie wird die Vorlaufzeit ermittelt?

Mögliche Antworten sind:

- Standardvorlaufzeit aus Erfahrungswerten,

- Bestimmung aus den Durchlaufzeiten.

Nach der Vorlaufzeitverschiebung kann zunächst der Bruttobedarf ermittelt werden. Dies führt zu einer weiteren Ja/Nein-Frage:

Wird eine Bruttobedarfsermittlung durchgeführt?

Die Nettobedarfsermittlung ist die Kernaufgabe der Materialplanung und daher unverzichtbar. Sie wird mit Hilfe eines Stücklistenauflösungsprozeß durchgeführt, der zwei verschiedene Verfahren kennt. Diese werden nun erfragt:

Wie werden Stücklisten aufgelöst?

Die verfügbaren Verfahren sind:

- Auflösung nach Fertigungsstufen,

- Auflösung nach Dispositionsstufen.

Die nun folgende Losgrößenbildung wird analog zur Auftragsgrößenbildung behandelt. Die zugehörige Ja/Nein-Frage lautet:

Wird eine Losgrößenbildung durchgeführt?

Dieser Frage wird ein Nachfolger angefügt, der das zu verwendende Modell erfragt. Als Antworten stehen die bei der Auftragsgrößenbildung bereits Genannten zur Verfügung.

Damit ist die Durchführung der eigentlichen Bedarfsplanung abgeschlossen. Es müssen nun noch die Bestellmodalitäten erfragt werden. Dazu wird eine weitere Kategorie *Bestellung* eingefügt, die folgende Fragen enthält:

1) Welches Verfahren zur Bestellmengenbildung wird eingesetzt?

Hier lassen sich wieder die bei der Auftrags- und Losgrößenbildung aufgeführten Methoden verwenden.

2) Mit welchem Verfahren werden Bestellungen ausgelöst?

Die verfügbaren Verfahren sind:

- Bestellpunktverfahren,

- Bestellrhythmussystem,

- Servicepunktverfahren,

- Kann-Bestellpunktverfahren.

Damit ist die Erstellung des Fragenkatalogs für die programmgebundene Materialbedarfsplanung abgeschlossen. Den Aufbau verdeutlicht nachstehende Abbildung:

*Abbildung 28: Aufbau des Fragenkatalogs für das Anwendungsbeispiel*

### 5.2.2 Erstellen von Beziehungen zur Anpassung des Referenzmodells

Nach dem Erstellen des Fragenkatalogs werden im dritten Schritt die Beziehungen erstellt.

**Erstellen von Beziehungen zwischen Fragen und Komponenten des Referenzmodells**

Um die Anzahl der zu erstellenden Beziehungen möglichst gering zu halten, wird die Annahme getroffen, daß alle Modellkomponenten des zugrundeliegenden Referenzmodells aktiviert sind. Dieser Zustand wird im folgenden als **Initialzustand** bezeichnet. Zur Anpassung des Modells müssen nur die nicht benötigten Modellkomponenten deaktiviert werden. Dazu wird für jede Frage zunächst genau eine Beziehung erstellt, die die Antwort angibt, bei der die Modellkomponente deaktiviert wird. Nur wenn Modellkomponenten von mehreren Fragen beeinflußt werden, müssen auch Beziehungen für die Antworten, die zur Aktivierung führen, erstellt werden. Eine Regel wird immer unabhängig vom vorherigen Zustand der Modellkomponente ausgeführt. Somit befindet sich jede Modellkomponente nach der Auswertung der Antworten in dem Zustand, in den sie von der letzten ausgeführten Regel versetzt wurde.

Beim Erstellen von Beziehungen empfiehlt es sich, den Fragenkatalog der Reihe nach durchzugehen und für jede Frage die Modellkomponenten zu identifizieren, die von der Frage beeinflußt werden. Dazu ist eine genaue Kenntnis des zugrundeliegenden Referenzmodells nötig, da sonst die Gefahr besteht, daß Komponenten übersehen werden.

Sind alle betroffenen Modellkomponenten identifiziert, wird für jede Komponente eine Beziehung mit einer Regel erstellt, deren Vorbedingungsteil die Antwort angibt, die den Aktionsteil auslöst. Wie bereits erwähnt, ist im Aktionsteil zunächst der Operator *deaktiviere* zu wählen.

**Beispiel:**

Die Frage

Wie wird der Materialbedarf geplant?

betrifft die Modellkomponenten:

1) Subworkflow: Programmgebundene Materialbedarfsplanung,

2)       Subworkflow: Bedarfsgebundene Materialbedarfsplanung,

3)       Manuelle Aufgabe: ABC-Analyse.

Für diese Komponenten werden folgende Regeln erstellt:

1)    Wenn      Antwort auf Frage

                 Wie wird der Materialbedarf geplant?

                 lautet

                 Programmgebundene Materialbedarfsplanung,

       dann      deaktiviere

                 Subworkflow: Bedarfsgebundene Materialbedarfsplanung.

2)    Wenn      Antwort auf Frage

                 Wie wird der Materialbedarf geplant?

                 lautet

                 Bedarfsgebundene Materialbedarfsplanung,

       dann      deaktiviere

                 Subworkflow: Programmgebundene

                 Materialbedarfsplanung.

3)    Wenn      Antwort auf Frage

                 Wie wird der Materialbedarf geplant?

                 lautet

                 Programmgebundene Materialbedarfsplanung,

       dann      deaktiviere

                 Manuelle Aufgabe: ABC-Analyse.

4)  Wenn        Antwort auf Frage

Wie wird der Materialbedarf geplant?

lautet

Bedarfsgebundene Materialbedarfsplanung,

dann        deaktiviere

Manuelle Aufgabe: ABC-Analyse.

In gleicher Weise werden Beziehungen für alle Fragen erstellt. Ist dies geschehen, werden in einem zweiten Durchgang die Regeln erstellt, die den Operator *aktiviere* ausführen. Dies betrifft jedoch nur solche Modellkomponenten, die von mehr als einer Frage manipuliert werden. Danach ist die Erstellung der Beziehungen zu Modellkomponenten abgeschlossen.

**Erstellen von Beziehungen zwischen Fragen**

Für das Erstellen von Beziehungen zwischen Fragen stehen die in Unterkapitel 4.4.2 beschriebenen Beziehungstypen zur Verfügung.

**Manipulation von verknüpften Fragen**

Oftmals bestehen Beziehungen zwischen einer Vaterfrage und ihren Nachfolgern. Im Beispiel wird dies bereits an der ersten Frage des Fragenkatalogs sichtbar. Für die Frage

Wie wird der Materialbedarf geplant?

wurden die Antworten

- Programmgebundene Materialbedarfsplanung,

- Verbrauchsgebundene Materialbedarfsplanung und

- ABC-Analyse.

hinterlegt.

Wird nun der gesamte Materialbedarf programmgebunden oder verbrauchsgebunden geplant, wird die Erstellung einer ABC-Analyse überflüssig und die damit zusammenhängenden Fragen können deaktiviert werden. Im Beispiel sind dies die Nachfolger der obigen Frage nach dem Materialplanungsverfahren:

1) Wie werden A-Teile geplant?

2) Wie werden B-Teile geplant?

3) Wie werden C-Teile geplant?

Für die Antwort „Programmgebundene Materialbedarfsplanung" und die Frage 1) lautet dann die Regel der Beziehung:

Wenn          Antwort auf Frage:

              Wie wird der Materialbedarf geplant?

              lautet

              Programmgebundene Materialbedarfsplanung,

dann          deaktiviere

              Wie werden A-Teile geplant?

Da sich zwei Antworten auf drei Fragen auswirken können, sind insgesamt sechs Beziehungen der beschriebenen Form zu erstellen. Um die Möglichkeit offenzuhalten, den Prozeß später um eine ABC-Analyse zu ergänzen, werden für die Antwort „ABC-Analyse" drei weitere Beziehungen erstellt, welche die drei Nachfolgerfragen wieder aktivieren.

**Manipulation von Antworten**

Zur Demonstration der Manipulation von Antworten wird die Frage

              Welches Verfahren zur Bestellmengenbildung wird eingesetzt?

mit den Antworten

- Andler-Modell,

- Stückperiodenausgleich,

- Periodenkostenminimierung,

- Dynamische Programmierung.

herangezogen. Wird diese Frage mit „Andler-Modell" beantwortet, bedeutet das, daß stets fixe Bestellmengen bestellt werden. Da sich zur Bestellauslösung für fixe Bestellmengen das Bestellpunktverfahren anbietet, kann die Frage

Mit welchem Verfahren werden Bestellungen ausgelöst?

mit der Antwort „Bestellpunktverfahren" vorbelegt werden. Dies geschieht durch Erstellung einer Beziehung zur Manipulation von Antworten mit folgender Regel:

| | |
|---|---|
| Wenn | Antwort auf Frage |
| | Welches Verfahren zur Bestellmengenbildung wird eingesetzt? |
| | lautet |
| | Andler-Modell, |
| dann | beantworte Frage |
| | Mit welchem Verfahren werden Bestellungen ausgelöst? |
| | mit Antwort |
| | Bestellpunktverfahren. |

### 5.2.3 Beantworten des Fragenkatalogs

Nach dem Erstellen sämtlicher Beziehungen ist das wissensbasierte Werkzeug bereit für eine erste Konsultation durch einen Benutzer. Für das Beispiel werden die Fragen und die im Rahmen der Konsultation vom Benutzer ausgewählten Antworten tabellarisch dargestellt:

| Frage | Antwort |
|---|---|
| Wie wird der Materialbedarf geplant? | Programmgebundene Materialbedarfsplanung |
| Wie werden A-Teile geplant? | deaktiviert |
| Wie werden B-Teile geplant? | deaktiviert |
| Wie werden C-Teile geplant? | deaktiviert |
| Wie wird der Materialbedarf gedeckt? | Beides |
| Wird eine Auftragsgrößenbildung durchgeführt? | Ja |
| Welches Verfahren zur Auftragsgrößenbildung wird eingesetzt? | Andler-Modell |
| Wird eine Vorlaufverschiebung durchgeführt? | Nein |

| Wie wird die Vorlaufzeit ermittelt? | deaktiviert |
|---|---|
| Wird eine Bruttobedarfsermittlung durchgeführt? | Nein |
| Wie werden Stücklisten aufgelöst? | Auflösung nach Fertigungsstufen |
| Wird eine Losgrößenbildung durchgeführt? | Ja |
| Welches Verfahren zur Losgrößenbildung wird eingesetzt? | Andler-Modell |
| Welches Verfahren zur Bestellmengenbildung wird eingesetzt? | Andler-Modell |
| Mit welchem Verfahren werden Bestellungen ausgelöst? | Bestellpunktverfahren |

*Abbildung 29: Beispiel für das Beantworten eines Fragenkatalogs*

Nach dem Beantworten des Fragenkatalogs wird die Auswertung der Antworten gestartet.


### 5.2.4  Auswerten der Antworten

Die Inferenzkomponente sucht in der Wissensbasis alle Regeln, deren Vorbedingung durch die Antworten erfüllt sind und führt diese aus. Dadurch wird das Referenzmodell angepaßt. Folgende Abbildung zeigt das Ergebnis der Anpassung in SOMpro:

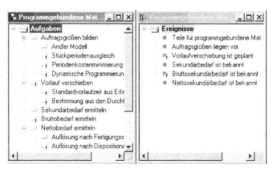

*Abbildung 30: Ergebnis der Modellanpassung*

Exemplarisch sind hier die Aufgaben und Ereignisse des Teilprozesses *Programmgebundene Materialbedarfsplanung* dargestellt. Alle deaktivierten Komponenten sind durch ein schwarzes Ausrufezeichen markiert.

# 6 Zusammenfassung und Ausblick

Obwohl Vorgehens- und Referenzmodelle bei der Einführung von Standardsoftware eine wirksame Unterstützung bieten, bleibt der Einführungsprozeß weiterhin mit großem Aufwand verbunden. Das einführende Unternehmen benötigt deshalb in der Regel Hilfe vom Softwarehersteller oder einem dritten Dienstleistungsunternehmen. Das in dieser Arbeit vorgestellte, wissensbasierte Werkzeug zielt darauf ab, den Aufwand zu verringern und die Einführung zu beschleunigen. Der zentrale Aspekt ist dabei die Wiederverwendung von Expertenwissen im Bereich Einführung von Standardsoftware, das in dieser Form nicht durch Vorgehens- und Referenzmodelle zur Verfügung steht. Um Mißverständnissen zwischen Systemplanern und Mitarbeitern der Fachabteilungen vorzubeugen, wird von der Ebene des zugrundeliegenden Referenzmodells abstrahiert. Ziel ist es, einem Benutzer die Fähigkeit zu geben, eine Anpassung des Referenzmodells allein mit seinem betriebswirtschaftlichen Fachwissen vorzunehmen. Dazu wird eine werkzeuggestützte Vorgehensweise in vier Schritten vorgeschlagen:

Im **ersten Schritt** wird ein Referenzmodell ausgewählt, das an die Anforderungen des einführenden Unternehmens angepaßt werden kann.

Der **zweite Schritt** dient zur Erfassung des Expertenwissens in Form eines Fragenkatalogs mit zugehörigen Antworten.

Danach werden im **dritten Schritt** Beziehungen erstellt, welche die Auswirkungen spezifischer Antworten auf spezifische Modellkomponenten festlegen. Darüberhinaus können Beziehungen zwischen den Fragen des Fragenkatalogs erzeugt werden, die eine dynamische Anpassung des Fragenkatalogs an das Antwortverhalten des Benutzers während der Konsultation bewirken.

Schließlich wird im **vierten und letzten Schritt** der Fragenkatalog vom Benutzer beantwortet und das wissensbasierte Werkzeug paßt unter Auswertung der Beziehungen und der vorliegenden Antworten das Referenzmodell an.

Das dabei eingesetzte wissensbasierte Werkzeug wurde auf der Grundlage der klassischen Expertensystem-Architektur [Puppe91] konzipiert und datenbankgestützt realisiert.

Nach der Realisierung wurde die Anwendbarkeit des Werkzeugs an einem durchgängigen Beispiel demonstriert. Obwohl das Beispiel bewußt einfach und kurz gehalten wurde, lassen sich doch bereits Aussagen über Möglichkeiten und Grenzen des Werkzeugs machen:

Der Nutzen des Werkzeugs hängt in starkem Maße von der Qualität des benutzten Fragenkatalogs ab. Über den Fragenkatalog müssen sämtliche Optionen des Referenzmodells abgebildet werden, um nach der Anpassung ein brauchbares Resultat zu erhalten.

Eine vollständige Abdeckung des Referenzmodells durch den Fragenkatalog zu errreichen, stellt aber die größte Schwierigkeit innerhalb der beschriebenen Vorgehensweise dar. Sowohl das Auffinden als auch das Formulieren der Fragen erwiesen sich bei der Anwendung als kritische Vorgänge und müssen deshalb mit großer Sorgfalt durchgeführt werden.

Eine zweite Hürde ist das Erstellen der Beziehungen zwischen Fragen und Komponenten des Referenzmodells. Hier gilt prinzipiell das oben gesagte, wobei besonderes Augenmerk wiederum auf die **Vollständigkeit** der Beziehungen zu richten ist.

Werden sowohl Fragenkatalog als auch Beziehungen vollständig in bezug auf das zugrundeliegende Referenzmodell erarbeitet, steht mit dem Werkzeug eine effiziente und komfortable Möglichkeit zur Anpassung des Referenzmodells zur Verfügung.

Die Grenzen, an die das Werkzeug stößt, ergeben sich vor allem durch die gewählte Konzeption:

Der Fragenkatalog wurde so konzipiert, daß nur Ja/Nein-Fragen und Fragen, die mehrere alternative Antworten anbieten, erfaßt werden können. Dadurch können keine konkreten Zahlen erfragt werden, wie beispielsweise Größen- oder Mengenangaben.

Das Werkzeug kann Referenzmodelle nur durch Selektion anpassen, d.h. es können keine Komponeneten hinzugefügt werden. Spezifische Prozesse, die im Referenzmodell nicht enthalten sind, müssen daher von Hand nachmodelliert werden.

Wegen dieser Begrenzungen und zur Kontrolle des Ergebnisses ist es weiterhin nötig, daß angepaßte Referenzmodell durch einen menschlichen Experten prüfen zu lassen.

Der Aufwand für die Vorauswahl der Prozesse aus dem Referenzmodell kann jedoch deutlich gesenkt werden.

Bei einer Weiterentwicklung des Werkzeugs sollten zunächst neue Fragetypen eingeführt werden. Weitere Verbesserungsmöglichkeiten bestehen in der Optimierung der Inferenzkomponente, z.B. durch die Vergabe von Prioritäten für Regeln.

Die prototypische Realisierung des wissensbasierten Werkzeugs in der vorliegenden Arbeit hat die Machbarkeit des verfolgten Lösungsansatzes gezeigt. Für die Zukunft ist durch die oben angedeuteten Verbesserungsmöglichkeiten eine weitere Steigerung des Nutzens denkbar.

# Anhang

## A    Datenbankschema des wissensbasierten Werkzeugs

In diesem Anhang wird das Datenbankschema gemäß Relationenmodell für das Werkzeug detailliert in tabellarischer Form dargestellt. In der zugehörigen Datenbasis speichert das Werkzeug den Fragenkatalog inklusive Antworten, die definierten Beziehungen mit zugehörigen Regeln sowie die Baumstruktur des Referenzmodells.

Alle Tabellen haben folgenden Aufbau:

| Spalte | Bedeutung |
|--------|-----------|
| Name | Name des Datenbankfeldes |
| Typ | Datentyp des Datenbankfeldes |
| Größe | Größe des Datenbankfeldes |
| NN | Kennzeichnet Datenbankfelder, die nicht NULL sein dürfen |
| PS | Kennzeichnet Datenbankfelder, die zum Primärschlüssel gehören |
| FS | Kennzeichnet Datenbankfelder, die zum Fremdschlüssel gehören |
| FS auf | Gibt die Tabelle an, aus der der Fremdschlüssel vererbt wird |

**FRAGE**

| Name | Typ | Größe | NN | PS | FS | FS auf |
|------|-----|-------|-----|-----|-----|--------|
| FRID | Zahl (Long) | 4 | NN | P | | |
| MID | Zahl (Long) | 4 | NN | | | |
| ODBCID | Zahl (Long) | 4 | NN | | | |
| REIHENFOLGE | Zahl (Long) | 4 | | | | |
| SUPER | Zahl (Long) | 4 | | | | |
| TYP | Zahl (Integer) | 2 | NN | | F | FRAGE_TYP |
| NAME | Text | 255 | | | | |
| BESCHREIBUNG | Memo | - | | | | |
| ANTWORTTYP | Zahl (Byte) | 1 | | | | |
| DEAKTIVIERT | Ja/Nein | 1 | | | | |

**FRAGE_TYP**

| Name | Typ | Größe | NN | PS | FS | FS auf |
|------|-----|-------|-----|-----|-----|--------|
| TYP | Zahl (Integer) | 2 | NN | P | | |
| NAME | Text | 50 | | | | |

**FRAGE_ANTWORT**

| Name | Typ | Größe | NN | PS | FS | FS auf |
|------|-----|-------|-----|-----|-----|--------|
| ANTID | Zahl (Long) | 4 | NN | P | | |
| FRID | Zahl (Long) | 4 | NN | | F | FRAGE |
| ANTWORT | Text | 255 | | | | |
| AUSGEWAEHLT | Ja/Nein | 1 | | | | |

**FRAGE_BEZIEHUNG**

| Name | Typ | Größe | NN | PS | FS | FS auf |
|------|-----|-------|-----|-----|-----|--------|
| BEZID | Zahl (Long) | 4 | NN | P | | |
| FRID | Zahl (Long) | 4 | NN | | F | FRAGE |
| ANTID | Zahl (Long) | 4 | NN | | F | FRAGE_ANTWORT |
| TYP | Zahl (Integer) | 2 | NN | | F | FRAGE_BEZ_TYP |
| REIHENFOLGE | Zahl (Long) | 4 | | | | |
| EFFEKT | Zahl (Byte) | 1 | | | | |

**FRAGE_BEZ_TYP**

| Name | Typ | Größe | NN | PS | FS | FS auf |
|------|-----|-------|-----|-----|-----|--------|
| TYP | Zahl (Long) | 4 | NN | P | | |
| NAME | Text | 50 | | | | |

**SOMTREE**

| Name | Typ | Größe | NN | PS | FS | FS auf |
|------|-----|-------|-----|-----|-----|--------|
| STID | Zahl (Long) | 4 | NN | P | | |
| ODBCID | Zahl (Long) | 4 | NN | | | |
| MID | Zahl (Long) | 4 | NN | | | |
| REIHENFOLGE | Zahl (Long) | 4 | | | | |
| SUPER | Zahl (Integer) | 2 | | | | |
| NAME | Text | 128 | | | | |
| SOMTABLE | Text | 50 | | | | |
| SOMIDNAME | Text | 50 | | | | |
| SOMIDVALUE | Zahl (Long) | 4 | | | | |

# B  Inhalt der beigefügten CD-ROM

| Datei | Beschreibung |
|---|---|
| AskSOM.mdb | Enthält das beschriebene wissensbasierte Werkzeug. Zum Ausführen wird Microsoft Access 97 benötigt. |
| Produktionslogistik.mdb | Enthält das beschriebene Anwendungsbeispiel im SOMpro-Format. Zum direkten Bearbeiten wird SOMpro 2.2 benötigt. |
| Comctl32.ocx | Bibliothek mit verwendeten ActiveX-Controls. Falls nicht bereits vorhanden, muß diese Datei ins System-Verzeichnis, der Windows-Installation kopiert werden. |
| Konzeption und Entwicklung eines wissensbasierten Werkzeugs zur Einführung von Standardsoftware.doc | Die vorliegende Arbeit im Microsoft Word 97-Format. |
| Readme.txt | Letzte Hinweise zur Installation und Verwendung. |

# Abbildungsverzeichnis

Abbildung 1:   Klassifizierung von Software [Kirch96, S.16]                                    4

Abbildung 2:   Meta-Modell für Geschäftsprozeßmodelle [FeSi98, S. 195]                         6

Abbildung 3:   Unternehmensarchitektur der SOM-Methodik [FeSi98, S. 177]                       7

Abbildung 4:   Vorgehensmodell der SOM-Methodik [FeSi98, S. 179]                               8

Abbildung 5:   Phasenmodell einer geschäftsprozeßorientierten Einführung von
               Standardsoftware [Heß99, S. 32]                                                 12

Abbildung 6:   Benutzung von Referenzmodellen bei der Einführung von
               Standardsoftware                                                               15

Abbildung 7:   Beziehung zwischen Problemdomäne und Expertenwissen
               [GiaRil94, S. 4]                                                               16

Abbildung 8:   Architektur eines Expertensystems nach [Puppe91]                               17

Abbildung 9:   Beispiel für ein Semantisches Netz nach [HaKi86, S. 42]                         21

Abbildung 10:  Beispiel für die Darstellung eines Fragenkatalogs als
               Sematisches Netz                                                               23

Abbildung 11:  Konzeptuelles Datenbankschema in SERM                                          23

Abbildung 12:  Vorgehensweise bei einer wissensbasierten Einführung von
               Standardsoftware                                                               24

Abbildung 13:  Struktur des wissensbasierten Werkzeugs                                        27

Abbildung 14:  Beispiel für einen Baum                                                        30

Abbildung 15:  SOM-Modellebenen und korrespondierende Stufen des
               Modellbaums                                                                    32

Abbildung 16:  Grundgerüst des Modellbaums                                                    33

Abbildung 17:  Beispiel für eine Frage mit benutzerdefinierten Antworten                       35

Abbildung 18:  Depth-first-Suche mit Vorwärtsverkettung [HaKi86 , S. 64]                       36

Abbildung 19:  Erfassen des Fragenkatalogs                                                    36

Abbildung 20:  Beispiel für die Erstellung einer Beziehung zwischen einer Frage und
               einer Modellkomponente                                                        38

Abbildung 21: Beispiel für eine konkrete Regel zur Manipulation einer Frage 41

Abbildung 22: Beispiel für eine konkrete Regel zur Manipulation einer Antwort 42

Abbildung 23: Beispiel für das Beantworten des Fragenkatalogs 43

Abbildung 24: Teilprozesse des Geschäftsprozesses Produktionsplanung
und -steuerung 44

Abbildung 25: IAS des Teilprozesses Materialbedarfsplanung 45

Abbildung 26: VES des Teilprozesses Materialbedarfsplanung 46

Abbildung 27: VES für den Teilprozeß Programmgebundene
Materialbedarfsplanung 47

Abbildung 28: Aufbau des Fragenkatalogs für das Anwendungsbeispiel 51

Abbildung 29: Beispiel für das Beantworten eines Fragenkatalogs 57

Abbildung 30: Ergebnis der Modellanpassung 57

# Literaturverzeichnis

[BieHop91]     BIETHAHN, Jörg; HOPPE, Uwe (Hrsg.): *Entwicklung von Expertensystemen. Eine Einführung,* Wiesbaden, Gabler Verlag, 1991.

[BreKel95]     BRENNER, Walter; KELLER, Gerhard: *Business Reengineering mit Standardsoftware.* Frankfurt/Main, Campus Verlag, 1995.

[ChaSer95]     CHAMONI, P.; SERVAES, I. (Hrsg.): *Geschäftsprozeßmodellierung.* Diskussionsbeiträge des Fachbereichs Wirtschaftswissenschaft der Gerhard-Mercator-Universität Gesamthochschule Duisburg Nr. 222, 1995, als Manuskript gedruckt.

[Dom81]        DOMSCHKE, Wolfgang: *Logistik: Transport. Grundlagen, lineare Transport- und Umladeprobleme.* München, Oldenbourg Verlag, 1981.

[Dorn+90]      DORNINGER, Christian et al.: *PPS - Produktionsplanung und –steuerung. Konzepte, Methoden und Kritik.* Wien, Verlag Carl Ueberreuther, 1990.

[FeSi94]       FERSTL, Otto K.; SINZ, Elmar J.: *Der Ansatz des Semantischen Objektmodells (SOM) zur Modellierung von Geschäftsprozessen.* Bamberger Beiträge zur Wirtschaftsinformatik Nr. 21, 1994, als Manuskript gedruckt.

[FeSi98]       FERSTL, O. K.; SINZ, E. J.: *Grundlagen der Wirtschaftsinformatik, 3. Auflage. Band 1.* München, Oldenbourg Verlag, 1998.

[GiaRil94]     GIARRATANO, Joseph; RILEY, Gary: *Expert Systems, 2nd Edition. Principles and Programming.* Boston, PWS Publishing Company, 1994.

[Gla+92]    GLASER, Horst; GEIGER, Werner; ROHDE, Volker: *PPS - Produkti-onsplanung und -steuerung, 2. Auflage. Grundlagen - Konzepte - Anwendungen.* Wiesbaden, Gabler Verlag, 1992.

[HaKi86]    HARMON, Paul; KING, David: *Expertensysteme in der Praxis. Perspektiven, Werkzeuge, Erfahrungen.* München, Oldenbourg Verlag, 1986.

[HamCha98]  HAMMER, Michael; CHAMPY, James: *Business Reengineering. Die Radikalkur für das Unternehmen.* München, Heyne Verlag, 1998.

[Heß99]     HEß, Friedrich: *Prozeßorientierte Einführung von Standardsoftware im Mittelstand.* Bamberg, Diplomarbeit 1999, als Manuskript gedruckt.

[Jaes96]    JAESCHKE, Peter: *Integrierte Unternehmensmodellierung. Techniken zur Informations- und Geschäftsprozeßmodellierung.* Wiesbaden, Deutscher Universitäts-Verlag, 1996.

[Jung90]    JUNGNICKEL, Dieter: *Graphen, Netzwerke und Algorithmen, 2. Auflage.* Mannheim, Wissenschaftsverlag, 1990.

[Kirch96]   KIRCHMER, Mathias: *Geschäftsprozessorientierte Einführung von Standardsoftware. Vorgehen zur Realisierung strategischer Ziele.* Wiesbaden, Gabler Verlag, 1996.

[KloSche97] KLOCKHAUS, E.; SCHERUHN, H.-J. (Hrsg.): *Modellbasierte Einführung von betrieblichen Anwendungssystemen.* Wiesbaden, Gabler Verlag, 1997.

[Kolb91]    KOLB, Stefan: *Erklärungsfähigkeit und Wissensakquisition.* Aus: Biethahn, Jörg; Hoppe, Uwe (Hrsg.): *Entwicklung von Expertensystemen. Eine Einführung.* Wiesbaden, Gabler Verlag, 1991, S. 137 – 169.

[Mein95]    MEINHARDT, Stefan: *Geschäftsprozeßorientierte Einführung von Standard-Software am Beispiel des SAP-Systems "R/3".* In: *Wirtschaftsinformatik,* 37. Jg. 1995, S. 487 – 499.

| | |
|---|---|
| [Mert97] | MERTENS, Peter: *Integrierte Informationsverarbeitung 1, 11. Auflage.* Wiesbaden, Gabler Verlag, 1997. |
| [Piet94] | PIETSCH, Martin: *Beiträge zur Konfiguration von Standardsoftware am Beispiel der Geschäftsprozeßimplementierung und der Parameterinitialeinstellung bei der Einführung eines großintegrierten PPS-Systems.* Nürnberg, Dissertation, 1994, als Manuskript gedruckt. |
| [Puppe91] | PUPPE, Frank: *Einführung in Expertensysteme, 2. Auflage.* Berlin, Springer-Verlag, 1991. |
| [Raue96] | RAUE, Heiko: *Wiederverwendbare betriebliche Anwendungssysteme. Grundlagen und Methoden ihrer objektorientierten Entwicklung.* Wiesbaden, Deutscher Universitäts-Verlag, 1996. |
| [Rühl96] | RÜHLING, Jürgen: *Das V-Modell in der Praxis* In: iX, Nr. 6/1996. |
| [Sche96] | SCHERUHN, Hans-Jürgen: *Referenzmodelle. Hilfe bei der Einführung von Standardsoftware.* In: iX, Nr. 1/1996. |
| [Scheer97] | SCHEER, August-Wilhelm: *Wirtschaftsinformatik, 7. Auflage. Referenzmodelle für industrielle Geschäftsprozesse.* Berlin, Springer-Verlag, 1997. |
| [Schm97] | SCHMINCKE, M.: *Ganzheitliche und prozeßorientierte Unternehmensgestaltung: Auf Basis von Vorgehens- und Referenzmodellen am Beispiel der ARIS-Methoden und –Modelltypen.* Aus: Klockhaus, E.; Scheruhn, H.-J. (Hrsg.): *Modellbasierte Einführung von betrieblichen Anwendungssystemen.* Wiesbaden, Gabler Verlag, 1997. |
| [SFB98] | SFB GMBH (Hrsg.): *SOMpro Benutzerhandbuch.* Bamberg 1998. |
| [Sinz97] | SINZ, Elmar J.: *Architektur betrieblicher Informationssysteme.* Bamberger Beiträge zur Wirtschaftsinformatik Nr. 40, 1997 als Manuskript gedruckt. |
| [Som96] | SOMMERVILLE, Ian: *Software Engineering, 6. Auflage.* Harlow, England, Addison-Wesley Publishing Company, 1996. |

[Sti+97]        STICKEL, Eberhard; GROFFMANN, Hans-Dieter; RAU, Karl-Heinz
                (Hrsg.): *Gabler Wirtschaftsinformatik Lexikon.* Wiesbaden, Gabler
                Verlag, 1997.

[Tayl77]        TAYLOR, Frederick W.: *Die Grundsätze wissenschaftlicher Be-
                triebsführung.* Weinheim, Beltz Verlag, 1977.

[Voss94]        VOSSEN, Gottfried: *Datenmodelle, Datenbanksprachen und Daten-
                bank-Management-Systeme, 2. Auflage.* Bonn, Addison-Wesley
                Deutschland, 1994.

[Voss96]        VOSSEN, GOTTFRIED, BECKER, JÖRG  (Hrsg.): *Geschäftsprozeßmo-
                dellierung und Workflow-Management. Modelle, Methoden, Werk-
                zeuge.* Bonn, Internat. Thomson Publ., 1996.

[Weide91]       WEIDENHAUPT, Thomas M.: *Grundlagen von Expertensystemen.*
                Aus: Biethahn, Jörg; Hoppe, Uwe (Hrsg.): *Entwicklung von Exper-
                tensystemen. Eine Einführung.* Wiesbaden, Gabler Verlag, 1991, S. 9
                – 31.

[Wirth86]       WIRTH, Niklaus: *Algorithmen und Datenstrukturen mit Modula-2, 4.
                Auflage.* Stuttgart, B. G. Teubner, 1986.

Ich erkläre hiermit gemäß § 29 Abs. 2 DPO, daß ich die vorstehende Diplomarbeit selbständig verfaßt und keine anderen als die angegebenen Quellen und Hilfsmittel benutzt habe.

_____          _____

Ort, Datum                                      Unterschrift

*Diplomarbeiten* Agentur

Die Diplomarbeiten Agentur vermarktet seit 1996 erfolgreich
Wirtschaftsstudien, Diplomarbeiten, Magisterarbeiten, Dissertationen
und andere Studienabschlußarbeiten aller Fachbereiche und Hochschulen.

**Seriosität, Professionalität und Exklusivität prägen unsere Leistungen:**

- Kostenlose Aufnahme der Arbeiten in unser Lieferprogramm
- Faire Beteiligung an den Verkaufserlösen
- Autorinnen und Autoren können den Verkaufspreis selber festlegen
- Effizientes Marketing über viele Distributionskanäle
- Präsenz im Internet unter **http://www.diplom.de**
- Umfangreiches Angebot von mehreren tausend Arbeiten
- Großer Bekanntheitsgrad durch Fernsehen, Hörfunk und Printmedien

Setzen Sie sich mit uns in Verbindung:

**Diplomarbeiten Agentur**
Dipl. Kfm. Dipl. Hdl. Björn Bedey
Dipl. Wi.-Ing. Martin Haschke
und Guido Meyer GbR

Hermannstal 119 k
22119 Hamburg

Fon: 040 / 655 99 20
Fax: 040 / 655 99 222

agentur@diplom.de